Ritos de veneración del
CURANDERISMO
❧ ✳ ☙

"Una vez más, Erika Buenaflor nos ofrece una visión útil, poderosa, transformadora y moderna de la sabiduría ancestral. Este libro no solo nos ayuda a cultivar un puente transitable entre nosotros y nuestros antepasados, sino también proporciona rituales muy necesarios en torno a las importantes transiciones de la muerte, el morir y el duelo. Todo practicante interesado en el trabajo ancestral debe tener una copia de este libro, independientemente de sus antecedentes culturales".

J. ALLEN CROSS, AUTOR DE *AMERICAN BRUJERIA: MODERN MEXICAN AMERICAN FOLK MAGIC*

"La sabiduría de los antepasados vibra en las páginas del libro de Erika e infunde al lector calidez, sosiego y la sensación de volver a casa con uno mismo. Plena de historia fascinante, relatos sinceros y ejercicios accesibles, Erika teje un camino simple para que nos reconectemos y recuperemos la fuerza y el poder de quienes nos precedieron. Erika es una *maestra* conocedora y confiable que nos ofrece una mano tierna y firme para ayudarnos a llevar la vida plena y gozosa que estamos destinados a vivir. Este libro es un regalo excepcional. Erika es un regalo y todos somos mejores por ello".

ROBYN MORENO, PRACTICANTE DE CURANDERISMO Y AUTORA DE *GET ROOTED: RECLAIM YOUR SOUL, SERENITY, AND SISTERHOOD THROUGH THE HEALING MEDICINE OF THE GRANDMOTHERS*

"Los ritos de veneración ancestral son una forma milenaria de sanación, bendición, interacción espiritual y renovación. Erika no solo ofrece su guía espiritual y sabiduría, sino también muestra técnicas y métodos ancestrales para la reavivación de estos ritos. Las experiencias de Erika, sus profundos conocimientos y su amor por nuestros antepasados y las futuras generaciones brillan en cada página".

LAURA DÁVILA, AUTORA DE
MEXICAN SORCERY: A PRACTICAL GUIDE TO BRUJERIA DE RANCHO

"Este libro nutrió mi espíritu como un reparador caldo de huesos y hierbas. Inmediatamente sentí el impulso de fortalecer mi propia práctica con los ritos y rituales que cobran vida en sus páginas".

FELICIA COCOTZIN RUIZ, AUTORA DE EARTH MEDICINES:
ANCESTRAL WISDOM, HEALING RECIPES,
AND WELLNESS RITUALS FROM A CURANDERA

Ritos de veneración del
CURANDERISMO

Invocando la energía sagrada de nuestros ancestros

ERIKA BUENAFLOR, M.A., J.D.

Traducción por Mercedes Rojas

Inner Traditions en Español
Rochester, Vermont

Inner Traditions en Español
One Park Street
Rochester, Vermont 05767
www.InnerTraditions.com

Inner Traditions en Español es un sello de Inner Traditions International

Nota para el lector: Este libro pretende ser una guía informativa. Los remedios, enfoques y técnicas que aquí se describen procuran complementar, y no sustituir, la atención o el tratamiento médico profesional. No deben utilizarse para tratar una dolencia grave sin consultar previamente a un profesional sanitario calificado.

ISBN 979-8-88850-103-0 (impreso)
ISBN 979-8-88850-104-7 (libro electrónico)

Impreso y encuadernado en China por Reliance Printing Co., Ltd.

10   9   8   7   6   5   4   3   2   1

Diseño del texto por Virginia Scott Bowman.
Maquetación en español por Mantura Kabchi Abchi.
Este libro fue tipografiado en Garamond Premier Pro y Gill Sans, y se utilizaron Frutiger y Latienne como tipos de fuentes de presentación.
Las fotografías son cortesía de Ancient Americas at LACMA y pueden consultarse en AncientAmericas.org

Para enviar correspondencia a la autora de este libro, envíe una carta por correo a la atención de la autora en Inner Traditions • Bear & Company, One Park Street, Rochester, VT 05767, y le remitiremos la comunicación. También puede contactar directamente a la autora a través de **RealizeYourBliss.com**.

Escanea el código QR y ahorra un 25 % en InnerTraditions.com. Explora más de 2.000 títulos en español e inglés sobre espirituali-dad, ocultismo, misterios antiguos, nuevas ciencias, salud holística y medicina natural.

Índice

El gran tejido

Permíteme hablarte de uno de mis antepasados: mi madre, María Estela Rodríguez, fallecida en 2008.

Cuando yo era niño, mi madre se empeñaba en recordarme a mí, uno de los cuatro hijos que tuvo con mi padre, que teníamos raíces en el pueblo tarahumara de Chihuahua, México, donde ella nació y creció. Casi cualquier persona que tenga vínculos con la ciudad de Chihuahua tiene ascendencia tarahumara. Estos son considerados el segundo pueblo indígena más grande de Norteamérica, al norte de Ciudad de México, después de los diné (navajos).

Ahora bien, la mayoría de los mexicanos que emigran hacia Estados Unidos —y he vivido en barrios con generaciones de mexicanos casi toda mi vida— no son capaces de identificar las conexiones indígenas que puedan tener. Esto, por supuesto, se debe a generaciones de "desindigenización". Para que quede claro, lo que se considera "mexicano" es una gran mezcla de culturas, incluidas todas las etnias. También hay un inmenso grado de "hispanización", debido a los trescientos años de dominio colonial español, hasta que México lograra su independencia en 1821. Después comenzó el proceso de "mexicanización", o lo que cualquier estado o nación debe hacer para garantizar un "mercado nacional", que es establecer una identidad cultural ligada a una tierra, una lengua y unas leyes en común.

Sin embargo, nuestra raíz más profunda es indígena norteamericana. Además, en México hay unos 25 millones de personas (más que en ningún otro país del hemisferio occidental) que son tribales y a menudo hablan lenguas originarias. De hecho, México cuenta hoy con 68 lenguas oficiales procedentes de hasta trescientos grupos lingüísticos y variantes.

Uno de estos grupos son los tarahumaras, que también se autodenominan rarámuri.

Muchas palabras en México son de origen náhuatl, algunas de las cuales se han incorporado al español, como aguacate, chocolate, taco, coyote, ocelote y tomate. Mi padre usaba a menudo "escuincle" para referirse a un niño, aunque originalmente era la palabra náhuatl para "perro".

De mis hermanos, yo era el único que se quedaba embelesado cuando mi madre hablaba de los tarahumaras/rarámuri. Más tarde, ya de adulto, visité la sierra Tarahumara en Chihuahua, donde se encuentran las famosas Barrancas del Cobre. En este lugar los tarahumaras siguen viviendo con sus costumbres tradicionales relativamente intactas, hablan sus lenguas originales, con decenas de miles de individuos que viven en cuevas, unos de los últimos habitantes de cuevas del mundo.

También recuerdo que mi madre tenía un altar en las salas de nuestras numerosas casas con velas, íconos religiosos (La Guadalupe, Jesucristo y santos), pero también fotos de antepasados como mis abuelos maternos, a quienes nunca conocí. Incluso una bisabuela, Manuela, con cara y estatura de mujer tarahumara.

En una ocasión, a los trece años, me salieron hongos dolorosos en los pies cuando trabajaba limpiando, junto con mi hermano, un lavadero de autos. Usábamos mangueras y estábamos en constante contacto con cantidades importantes de agua que empapaban mis zapatillas todas las noches. En aquella época rara vez íbamos al médico, pero mi madre me llevó a uno que no supo qué hacer con aquellos hongos. Me recetó varias pomadas, pero ninguna funcionó. Entonces mi madre trajo a su hermano, mi tío Kiko (quien también era mi *niño;* es decir, mi padrino). Recurrieron a tácticas que había que mantener en la clandestinidad. Estoy seguro de que mi padre le prohibió a mi madre utilizar las tradiciones curanderas de nuestra tierra en Estados Unidos, pero ella y mi tío debieron sentir que no tenían otra opción.

Tío Kiko puso hojas de marihuana (cuando su posesión era ilegal y la cultura popular aún no le atribuía propiedades medicinales) en una calabaza. Luego agregó tequila añejo al fruto y lo dejó colgado en un tendedero toda la noche.

Al día siguiente, con oraciones en español y creo que también en rarámuri, me cortó los bultos del pie (un desastre sangriento) y colocó las hojas sobre los cortes, cambiándolas periódicamente. En cuestión de días los hongos habían desaparecido. Cuando fui a la clínica para una visita de seguimiento, el médico quedó muy sorprendido. Sin embargo, mantuvimos la cura en secreto.

En este libro que ahora tienes en tus manos, Erika Buenaflor nos recuerda que estos remanentes de prácticas ancestrales de sabiduría no son inusuales y que, de hecho, son endémicos de nuestra mexicanidad (así como lo son entre los salvadoreños, guatemaltecos, nicaragüenses, hondureños y nativos de otros países centroamericanos; el área conocida generalmente como Mesoamérica). Aún llevamos la *indigeneidad* en nuestro ADN como "memoria genética", seamos conscientes de ello o no. A pesar de la Conquista, las identidades coloniales forzadas y otros traumas de estos países, así como de las discriminaciones racistas y clasistas que prevalecen en Estados Unidos, somos indígenas de esta tierra en las capas más profundas de nuestro ser.

Al igual que Erika, decidí incluir conocimientos ancestrales a mi vida, mi familia y mi comunidad desde hace ya unos treinta años. Esto incluye el renombrado centro cultural y librería que cofundamos mi esposa Trini y yo hace más de veinte años en Los Ángeles: Tia Chucha's Centro Cultural & Bookstore, que fue establecido con base en una filosofía indígena y que imparte enseñanzas de náhuatl, cosmología mexicáyotl y curanderismo, así como "Temachtiani Quetzalcóatl", nuestro *kalpulli* residente mexica (azteca) y un círculo de danza. También he realizado ceremonias y prácticas espirituales entre los lakota, o'odham, diné, paiute-shoshone, tataviam (Valle de San Fernando), pipil (El Salvador), maya (México y Guatemala) y quechua (Perú). En 1998 los ancianos diné de Lukachukai (Arizona), de la Nación Navajo, adoptaron espiritualmente a mi esposa Trini y, por consiguiente, a toda la familia.

Trini y yo (y mi nieto mayor, Ricardo) también recibimos nombres mexicas basados en el calendario *tonalpohualli* en 2019, guiados por ancianos del *kalpulli* Tloque Nahuaque.

Mi hijo mayor, Ramiro (papá de Ricardo), es un danzante mexica. También formamos parte de la Logia de la Tortuga Nativa Americana en Sylmar, California, donde Trini también facilita la Logia de Mujeres Colibrí desde hace más de diez años.

Aunque este conocimiento ancestral siempre está ahí —accesible en la naturaleza, en nuestras propias naturalezas, en la naturaleza de las relaciones y en la naturaleza de lo divino—, ya no hay pureza de tradiciones. El cristianismo y otras ideas y prácticas occidentales se entremezclan con formas venerables. Pude notarlo en mis décadas de ceremonias en la reserva y en países como México, incluso entre los rarámuri. Los restos de la colonización siguen ahí, aunque transfigurados. No obstante, la veneración de nuestros antepasados —es decir, las relaciones respetuosas y significativas con el pasado (el abuelx)— está viva y goza de buena salud. Honramos todos los hilos. Nuestros lazos son persistentes, no solo ocasionales.

Las bien elaboradas enseñanzas, rituales e instrucciones de Erika, muchas de las cuales le fueron enseñadas por ancianos y curanderos, pero también a través de un extenso estudio, son antídotos para diversas dolencias físicas, mentales, emocionales, culturales y espirituales que hemos padecido durante más de quinientos años. El territorio que ella cubre es enorme. Algunas de las fuentes que menciona han sido cuestionadas por ancianos y otras personas. Sin embargo, saber todo esto no es malo si uno también puede confiar en el instinto de comprender lo que es auténtico, lo que suena a verdad y lo que perdura más allá de la historia, más allá de la política, más allá de los nombres y renombres humanos. Estoy convencido de que Erika tiene ese instinto; es algo en los huesos, no solo en la cabeza.

Lo que sí sabemos es que una imaginación mítica significa que tanto la sanación como la ceremonia existen para cualquiera de los problemas que parecen tanto singulares como inabarcables en nuestros días. Si se comprende el proceso, siempre existe la posibilidad de regeneración, de renovación a partir de la decadencia, de renacimiento a partir de la muerte. Y acudir a los ancestros, a nuestras fuentes más profundas, es clave para la profundidad de la alineación y la sanación que finalmente podemos realizar. Un anciano indígena me dijo una vez que invocar a los ancestros es como apelar a una "legislatura de los muertos". Y no a cualquier muerto, sino a los elegidos o elegidas por las plegarias, por las intenciones y por quienes mejor representan los valores que tú exudas como su progenie. Estos son los verdaderos "muertos vivientes", los abuelxs que aún residen en nuestro interior.

Ese es el camino indígena, el camino tarahumara, el camino de todos los pueblos originarios de estas vastas tierras. Erika nos recuerda que debemos recordar. Si estamos en crisis, es porque las barreras, las prisiones literales y figurativas, así como las mentalidades y psicologías coloniales, deben morir para que los poderosos rituales y prácticas ancestrales, aunque sean reimaginados, puedan surgir como un gran tejido del pasado, presente y futuro.

Por ello le doy un cordial *tlazohcamati*, ¡gracias!

LUIS J. RODRÍGUEZ (MIXCÓATL ITZTLACUILOH),
SAN FERNANDO, CALIFORNIA

Luis J. Rodríguez (Mixcóatl Itztlacuiloh) es el autor de dieciséis libros multigénero; entre ellos, las memorias *Always Running, La Vida Loca, Gang Days in L.A., y It Calls You Back: An Odyssey Through Love, Addiction, Revolutions and Healing,* ambos de Atria Books/Simon & Schuster. También es autor de *Hearts & Hands: Creating Community in Violent Times* y *From Our Land to Our Land: Essays, Journeys & Imaginings from a Native Xicanx Writer,* ambos de Seven Stories Press.

Curanderismo y veneración ancestral en Mesoamérica

ESPIRITUALIDAD NEPANTLA

En la espiritualidad Nepantla, aquellos que han sido históricamente marginados, sus culturas y prácticas espirituales demonizadas, ridiculizadas y usurpadas por otros, reclaman este espacio liminar e intermedio con humildad, empoderados y listos para definir su camino, su propósito y su espiritualidad por ellos mismos.

Nepantla es un espacio liminar, de cambio constante, de darse cuenta y convertirse, donde realmente cambiar, darse cuenta y convertirse son normas.

En la espiritualidad Nepantla nos liberamos de las definiciones del statu quo sobre quiénes somos y de las casillas en las que nos ubican, y nos reclamamos para nosotros mismos. Reclamamos lo que este espacio —Nepantla— es para nosotros, lo que la espiritualidad significa para nosotros.

Estamos enraizados en la espiritualidad Nepantla por nuestros antepasados. Nuestros ancestros son los que nos anclan con un sentimiento de pertenencia a algo más grande que nosotros mismos. Algo divino y sagrado. Nos guían mientras damos forma, reclamamos y definimos nuestro camino y nuestro propósito. Nos arraigan a una historia que se convierte en parte de nuestras queridas identidades.

En la espiritualidad Nepantla, nosotros somos los sanadores, al sanar nuestro linaje ancestral a la vez que somos sanados por nuestros antepasados y reclamamos a nuestros estimados ancestros.

Bienvenidos a la espiritualidad Nepantla.

ERIKA BUENAFLOR

✧ ✧ ✧

Los ritos, prácticas y creencias de veneración ancestral tienen tradiciones vibrantes y profundamente arraigadas en la antigua Mesoamérica, aproximadamente entre 1200 a. C. y 1521 d. C. Los antepasados eran tratados como agentes activos que desempeñaban funciones directas entre sus herederos, comunidades y políticas, a menudo décadas después de su muerte física. Los ancestros eran honrados e invocados por muchas razones: para proporcionar orientación, protección y ayuda en situaciones culturales, religiosas y políticas divergentes; para legitimar diferentes dinámicas de poder; para santificar el acceso y los derechos a los recursos; para mantener la cohesión social dentro de los grupos descendientes y para facilitar la creación y recreación de la memoria social y la identidad[1]. Eran vistos y tratados como una fuerza poderosa con la que no se podía jugar. Los hallazgos arqueológicos demuestran la existencia de amplios y continuos rituales de veneración ancestral celebrados en pirámides funerarias, sepulcros, tumbas y enterramientos*, tanto entre los sectores no elitistas como elitistas de la sociedad y en contextos rituales domésticos y públicos.

Las abundantes pruebas iconográficas e imágenes pictóricas también muestran la importancia de los antepasados, su acción directa y permanente y la función fundamental que desempeñaron[3]. Los pueblos indígenas que acabaron aliándose con los conquistadores por diversas y complejas razones, como derrocar a los mexicas, informaron a Hernán Cortés, un conquistador español del siglo XVI, que los antepasados les proporcionaban guía y consejo. Cortés lo aprovechó en su primera conversación con Moctezuma II, penúltimo gobernante del imperio azteca. Sin que Moctezuma II dijera nada al respecto, Cortés reconoció que sus antepasados ya le habían dicho que los españoles no eran nativos de esta tierra, sino que procedían de otra ubicación lejana[4]. Cortés comprendió la importancia de las tradiciones mesoamericanas de obtener consejo y orientación de los ancestros e intentó legitimar su presencia en América recurriendo a este conocimiento.

---

*Un enterramiento simple es un agujero o fosa sin revestir, en la superficie del lecho rocoso o en el relleno estructural, o una tumba en la que los vivos colocaban un cuerpo directamente durante la construcción. Los enterramientos descritos como "en vasija" hablan de un cuerpo colocado dentro de un cuenco o jarra de cerámica[2].

Se creía que los antepasados estaban compuestos de energía de esencia sagrada o energía del alma que podía continuar, renacer o renovarse en los cuerpos de sus herederos, animales, insectos, milpas (campos de maíz), huertos, espacios físicos sagrados y herramientas, así como en los ciclos de recreación y muerte solar y cósmica[5]. La energía del alma de los antepasados también se creía y se trataba a menudo como la misma "materia" sagrada que circulaba por el cosmos, el medio por el que la fuerza vital innata aumentaba y daba poder para que los organismos surgieran, vivieran, crecieran y se reprodujeran[6]. También se creía que los ancestros atravesaban los reinos físicos en días concretos, durante determinados ritos, en espacios sagrados, en objetos sagrados y a través de personas, animales o insectos.

En este libro destacaré los diversos y dinámicos ritos de veneración ancestral de los antiguos pueblos mesoamericanos y cómo podemos inspirarnos en estas tradiciones no solo para avivar e inspirar nuestras prácticas de veneración ancestral, sino también para profundizar en nuestros viajes personales de sanación, concienciación, descolonización y reivindicación personal y ancestral[*]. Sea cual sea nuestro origen, todos nos hemos visto afectados negativamente, de un modo u otro, por los cientos de años de colonización mundial.

---

[*]Es importante definir primero la colonización en general antes de identificar qué es la descolonización en el contexto de este libro, sobre todo porque implica intrínsecamente un desmantelamiento de la colonización y sus diferentes facetas. La colonización se suele identificar como externa e interna, al ser ambas muy interdependientes para mantener su éxito y proliferación. La colonización externa suele identificarse como la explotación de la tierra, cuya atención se centra en la extracción de bienes como el cacao, la seda o el azúcar, o de recursos como la mano de obra humana, los alimentos, los minerales o el petróleo, con el fin de aumentar la riqueza y el poder de los colonizadores. La colonización interna suele identificarse como el control o la explotación del pueblo a través de sus corazones y mentes, mediante instituciones culturales, políticas y económicas. Las caras del colonizador han cambiado a lo largo de las historias, pero sus programas violentos son esencialmente los mismos: la explotación de la tierra y su gente. Seamos *BIPOC* (negro, indígena o persona de color, por sus siglas en inglés) o blancos, todos nos hemos visto afectados por la colonización. Me refiero a la descolonización cultural, especialmente en lo que se refiere a la espiritualidad.

En este contexto, la descolonización se basa normalmente en que una persona esté dispuesta y sea capaz de reclamar la soberanía y la autoridad sobre sus identidades. Reclamamos nuestro poder para definir y reclamar nuestras identidades, que abarcan nuestras conexiones ancestrales y lo que la fe y la espiritualidad son para nosotros.

Cuanto más fortalezcamos la conexión con nuestros antepasados, más podrán guiarnos, ayudarnos e intervenir en nuestras vidas de forma más directa y fluida, además de infundirnos su energía del alma. Con una energía del alma más fuerte, tendremos más energía para terminar nuestras tareas más mundanas, facilitar la sanación y el trabajo espiritual para nosotros mismos y para los demás, y manifestarnos con mayor impecabilidad. Tanto si podemos crear un extenso y detallado árbol genealógico de nuestros antepasados como si no tenemos ningún conocimiento de nuestros abuelos (o incluso de nuestros padres), este libro ofrece diversas formas de conectar con nuestros antepasados desde muchas perspectivas.

Las prácticas de veneración ancestral, en su nivel más fundamental, pueden ayudarnos a sentirnos arraigados, ofrecernos una reconfortante sensación de pertenencia y brindarnos oportunidades apasionantes para afirmarnos en nuestro poder, dar forma, crear y recrear nuestras identidades. Las energías del alma de nuestros antepasados pueden darnos la energía y la fuerza necesarias para proseguir y ser constantes en nuestros viajes de sanación, comprensión y autoconocimiento, además de dar vigor a nuestros esfuerzos de manifestación. Al trabajar con nuestros ancestros y honrarlos, podemos ser bendecidos por su energía del alma, su guía, sus dones, sus talentos y su sanación.

Trabajar con nuestros antepasados también nos brinda hermosas oportunidades de sanación profunda para nosotros mismos, nuestras familias y todas nuestras relaciones. Los traumas que sufrieron nuestros antepasados, así como sus posibles actos negativos, a menudo son interpretados o experimentados por nosotros como oportunidades para resolverlos y sanarlos. Cuando ofrecemos esta sanación a nuestros antepasados, nosotros y nuestras familias también seremos sanados. Reforzar nuestros vínculos con los antepasados también nos brinda la oportunidad de replantearnos con quién o con qué queremos estar asociados, cómo percibimos nuestras raíces y nuestras propias identidades de forma positiva y fortalecedora. Además, trabajar con nuestros ancestros a menudo implica trabajar con nuestros aspectos sombríos, romper maldiciones ancestrales, sanar nuestras identidades fragmentadas y, bueno, esto no siempre es bonito y ligero. Puede ser desordenado, confuso y lleno de idiosincrasias. Sin embargo, merece la pena encontrar fuerza para reivindicarnos a nosotros mismos, nuestras identidades, nuestras raíces y nuestros antepasados, para elegir conscientemente a nuestros ancestros y a quienes queremos que formen parte de nuestro séquito espiritual.

Hace tiempo me sentía completamente desvinculada de mis raíces ancestrales y ahora cualquier rito, limpia o brujería que practique en mi altar ancestral es imparable. Inspirada por mis antepasados mesoamericanos y mis mentores curanderxs*, trato a los ancestros como entidades compuestas de energía del alma, poder, sabiduría, sanación y conocimiento a las que se puede acceder mediante prácticas de veneración. Me baso en la comprensión que tenían los antiguos mesoamericanos del alma como poseedora de diferentes expresiones de energías animadoras que se concentraban en diferentes regiones del cuerpo.

Los mexicas, por ejemplo, creían que había tres principales energías animadoras del alma:

1. *teyolía:* se concentraba en el corazón y era constante en la vida de un individuo.
2. *ihiyotl:* se concentraba en el hígado o estómago y también era constante en la vida de un individuo.
3. *tonalli:* se concentraba en la cabeza, el cabello, la sangre y las uñas y podía salir del cuerpo durante la vida, principalmente debido a diferentes tipos de traumas[7].

Muchos de los ritos de veneración de los antepasados en el momento de la muerte, y posteriormente, a menudo consistían en ayudar al ancestro a recuperar los fragmentos de alma que pudiera haber perdido durante su vida y a fortalecer la energía de su alma para la vida después de la muerte. Dependiendo de la fuerza o la integridad de las energías de su alma, los antepasados podían residir y atravesar diferentes reinos vivos y no ordinarios, intervenir en nombre de sus herederos con mayor conveniencia y experimentar el renacimiento, la continuidad, los ciclos cósmicos y la renovación de formas dinámicas y divergentes, incluso la insuflación de energías del alma más fuertes, posiblemente incluso energías deificadas del alma, en sus herederos.

---

*Sigo la tendencia de las comunidades latinas progresistas que utilizan el sufijo *-x* en lugar de *-a/-o* y *-as/-os* al final de las palabras con género. El uso de la *-x* pretende explícitamente trascender los binarios estáticos de género.

En la actualidad, los curanderxs son los practicantes del curanderismo, una práctica de sanación chamánica latinoamericana. Esta disciplina ecléctica puede incorporar métodos y creencias judeo-cristianas (especialmente católicas), nativas americanas, caribeñas, españolas, moriscas y africanas. Sin embargo, sus raíces se encuentran en las creencias, prácticas y metodologías de los pueblos indígenas de América. Realicé la mayor parte de mi formación como curandera en Yucatán con dos curanderxs que habían vivido toda su vida en este estado mexicano y con otras dos formadas en las prácticas mayas yucatecas y versadas también en las tradiciones chamánicas mexicas o nahuas*. Mis más de dos décadas de formación y experiencia como curandera han estado fuertemente influenciadas por las tradiciones indígenas mesoamericanas, especialmente en la comprensión de los antepasados y los ritos de veneración ancestral.

Para los propósitos de este libro, un antepasado es cualquier persona que haya estado encarnada aquí en la tierra, o en otro lugar, a quien queramos honrar. Según las antiguas tradiciones mesoamericanas, el hecho de que un miembro de la familia falleciera no significaba necesariamente que fuera venerado como antepasado, aunque fuera querido y recordado. Los ancestros no tienen que ser nuestros parientes sanguíneos. Del mismo modo que el amor profundo, el resentimiento y otros asuntos no resueltos pueden mantener a los miembros de una familia consanguínea conectados entre sí en vidas posteriores, también lo hacen las fuertes afinidades con algo, como una vocación, una cultura o una conexión con una tierra sagrada. En este contexto, las afinidades están formadas por fuertes energías pasionales que siguen uniendo energías similares a lo largo de muchas vidas y realidades.

Esto es fundamental, ya que muchas personas desconocen su linaje de sangre o no tienen afinidad alguna con un familiar fallecido de su linaje.

---

*A menudo, los términos "mexica" y "nahua" se han utilizado indistintamente para referirse al mismo grupo de población dentro del imperio azteca. El término "nahua" también se ha utilizado para designar a los pueblos indígenas del centro de México, principalmente porque los españoles incorporaron y utilizaron el náhuatl como lengua franca entre los pueblos indígenas de la meseta mesoamericana. Recientemente, el término "nahua" se utiliza para describir a los numerosos pueblos indígenas de México y El Salvador. El término "mexica" suele entenderse como un marcador étnico que designa al grupo de habla náhuatl que habitó Tenochtitlan y Tlatelolco, los dos asentamientos insulares que formaron México y que más tarde se convirtieron en el centro de la Ciudad de México.

Sin embargo, sienten una inexplicable conexión anímica con una leyenda cultural, un mentor fallecido o una tierra sagrada, pero no son necesariamente de esa cultura, no están emparentados con el mentor fallecido o no son nativos de la zona con la que sienten una fuerte conexión. No obstante, esta conexión es profundamente intuitiva: una voz, un sentimiento, una sensación y un conocimiento, implacable pero sereno, de una conexión inexplicable con el alma. Es probable que se trate de una conexión ancestral.

Los ritos de veneración ancestral a menudo iban de la mano con la creación y recreación de identidades sociales en la antigua Mesoamérica y las expresiones divergentes de los antepasados venerados como energía del alma. Aunque la veneración de los antepasados consanguíneos era probablemente la norma, había numerosos casos en los que se reivindicaba, reinventaba y recreaba una conexión ancestral, incluso cuando la gente probablemente no tenía una relación de sangre con los antepasados que reclamaban como propios.

El ejemplo más notable y conocido de lo anterior es la supuesta conexión ancestral de los mexicas con los ilustres toltecas del periodo Postclásico temprano (900–1000 d. C.) y con los teotihuacanos del periodo Clásico (100–700 d. C.). Los mexicas eran extranjeros en la cuenca de México, las tierras de los toltecas y los teotihuacanos. Sin embargo, cuando los mexicas se hicieron más poderosos, reclamaron una conexión ancestral con estos magníficos sistemas de gobierno[8].

Los rituales funerarios y de veneración ancestral fueron componentes críticos y complejos de procesos constantes, mediante los cuales las antiguas comunidades mesoamericanas se redefinían y renovaban continuamente. Como afirma Catherine Bell, teórica del ritual, este se parece al lenguaje no porque sea un texto cuyos significados simbólicos deban ser develados, sino porque los rituales son acciones que generan significados en el contexto específico de otros conjuntos de acciones y discursos significativos. El ritual se establece en el contexto en el que se promulga[9].

En este libro exploraré las antiguas prácticas rituales ancestrales mesoamericanas comparando y contrastando diversas fuentes, incluso pirámides funerarias, tumbas, prácticas y lugares de inhumación y enterramiento y los objetos sagrados encontrados en estos sitios; mitologías relativas a quien era un antepasado, su designación, la gestión su alma y el renacimiento de la energía de su alma; autoridades ilustrativas, escultóricas y arquitectónicas; los códices anteriores y posteriores al contacto y los registros etnohistóricos de los siglos XVI, XVII y XVIII. Profundizaré en los aspectos observables de los enterramientos, los restos óseos, el arte y los objetos encontrados en estos yacimientos para evaluar los patrones únicos y diversos de sus prácticas mortuorias y cómo valoraban las comunidades y las familias a los individuos. En algunos casos, también incluiré las enseñanzas de mis mentores curanderxs sobre ritos y prácticas relevantes para proporcionar analogías sugerentes, más que conclusiones definitivas sobre el significado de estos rituales.

Aunque estamos profundizando sobre antiguos rituales mesoamericanos de los que ya no podemos ser testigos, sí podemos encontrar vestigios de ese significado en otras líneas relacionadas de datos arqueológicos, iconográficos y epigráficos[10]. La comprensión de lo que constituyeron las prácticas mesoamericanas de veneración ancestral incluirá un análisis de la complejidad de sus vínculos y, a través de ellos, sus semejanzas y diferencias explicadas —cuando proceda y esta información se encuentre disponible[11]. Como afirma el investigador mesoamericano Alfredo López Austin: "Una historia común y las historias locales interactuaron dialécticamente para formar una visión mesoamericana en la que las variantes adquirieron extraordinarias peculiaridades individuales"[12]. Los rituales de veneración ancestral de la antigua Mesoamérica implicaban actuaciones y prácticas complejas y de múltiples niveles, cada uno de cuyos criterios individuales (tipo de tumba, orientación, posición, mobiliario, elementos funerarios) pueden verse como partes de redes entrelazadas de referencias individuales y multidimensionales[13].

La ubicación de las tumbas, el diseño, el arte, los rituales y los objetos sagrados colocados en los lugares de entierro eran fundamentales para facilitar y atraer la intervención, la ayuda y la visita de los antepasados, así como el renacimiento y la renovación de la energía de su alma y, en algunos casos, su deificación. Aunque los vivos, por supuesto, negociaban y se apropiaban de sus interpretaciones de estos ritos, ejecutaban guiones que contenían un núcleo común de antiguas creencias mesoamericanas relativas a la veneración ancestral. Este libro ahondará en estas creencias básicas comunes, así como en los matices de las distintas expresiones literales y representadas.

Este libro también estudiará los ritos de veneración ancestral regionales y temporales de las ciudades-estado y culturas más influyentes del periodo Clásico (250–909 d. C.) y Postclásico (909–1697 d. C.) de México Central y los pueblos mayas. Estas ciudades-estado y culturas de gran influencia, incluirán: Teotihuacán, los zapotecas, las ciudades-estado de las tierras bajas mayas (que abarcan la parte norte de América Central, en la península de Yucatán de México, Guatemala y Belice), los toltecas, los mixtecos y el imperio azteca[*]. Dado que muchos ritos de veneración ancestral, creencias y mitologías se vieron influenciados, de algún modo, por Teotihuacán, el análisis comenzará con esta sociedad de aspecto estatal[14].

La población local de Teotihuacán enterraba a sus muertos según el canon del lugar y, aunque los extranjeros solían enterrarlos según sus tradiciones culturales específicas, también adoptaban algunas prácticas teotihuacanas[16]. La influencia de la veneración ancestral de Teotihuacán también llegó a muchas ciudades-estado de las tierras bajas mayas, como Copán, en Honduras. El alcance de otras ciudades-estado influyentes también fue a menudo absorbido por Teotihuacán[17]. Los restos de las prácticas de veneración ancestral y mitologías de Teotihuacán también se expresaron en sus propias formas únicas por los mixtecas, toltecas y pueblos del imperio azteca del periodo Postclásico.

También es importante señalar que el análisis de sus ritos de veneración ancestral —especialmente en lo que se refiere a las prácticas funerarias en diversos yacimientos— sigue en curso y existen problemas inherentes a este trabajo continuo. La mayor parte de la investigación se ha llevado a cabo en los yacimientos con templos más fáciles de detectar y dentro de las plazas de las ciudades donde regían los ritos y prácticas ancestrales de élite.

---

[*]En este contexto, utilizo el término "imperio azteca" para describir las diversas ciudades-estados de la meseta de Anáhuac que los mexicas habían conquistado —extendiéndose desde la costa del golfo de México hasta el océano Pacífico y tan al sur como Chiapas y Guatemala—, así como su triple alianza con Texcoco y Tlacopan; una alianza que era más honorífica que real a principios del siglo XVI. El imperio azteca constaba de 200,000 a 250,000 personas que vivían en Tenochtitlan, aproximadamente más de un millón de personas que vivían en el Valle de México y otros dos o tres millones que habitaban en los valles circundantes del centro de México cuando Cortés y su ejército llegaron en 1519[15].

Sin embargo, en las últimas décadas se ha hecho más hincapié en descubrir y comprender los ritos de veneración ancestral de las clases no elitistas. Aún queda mucho por aprender sobre los matices de los bellos ritos de veneración ancestral de estas clases menos privilegiadas[18]. Además, muchos lugares usados para entierros han sido gravemente saqueados y los objetos sagrados, que podrían haber constituido una valiosa fuente de información, han sido destruidos o fundidos (tal es el caso de los metales preciosos). Los conquistadores Hernán Cortés y Bernal Díaz del Castillo documentaron el inmenso saqueo de Cu de Huichilobos[19]. No obstante, se ha realizado una cantidad significativa de trabajo para proporcionar una comprensión rica y colorida de las prácticas de veneración ancestral mesoamericanas.

LA ESTRUCTURA DE ESTE LIBRO

En cada capítulo entrelazo mis experiencias personales o las de mis clientes en cuanto a conectar con nuestros antepasados, sanarlos y reivindicarlos para fundamentar los ritos de veneración ancestral antiguos y contemporáneos, con historias de descolonización tan tangibles como, a menudo, crudas y vulnerables. El primer capítulo explora las diversas prácticas funerarias de los antiguos pueblos mesoamericanos y evalúa quién asumió el prestigioso papel de ser identificado como ancestro. No todos los difuntos se convertían en ancestros, sino que este papel se reservaba para los líderes y los miembros prominentes del linaje. Los distintos tipos de ritos funerarios, y el hecho de que se celebrara o no alguno de estos ritos, revelaban si un individuo fallecido adoptaría el preciado papel de ancestro y durante cuánto tiempo. A continuación, profundizaremos en las consideraciones y ceremonias del curanderismo para elegir a nuestro(s) antepasado(s) y las funciones que pueden desempeñar.

El segundo capítulo examina las diferentes ofrendas que eran depositadas en los lugares funerarios de los antepasados. Tenían múltiples propósitos y significados y, lo que es más importante, facilitaban un vínculo más fuerte entre los vivos y sus ancestros. Estas ofrendas atraían la intervención, la ayuda y la visita de los ancestros y garantizaban su comodidad y bienestar. También proporcionaban líneas de comunicación y relaciones continuas y activas entre vivos y muertos y permitían a ambos entrar en el mundo del otro. Utilizaremos esta sabiduría para explorar nuestras prácticas de construcción de altares ancestrales, las herramientas sagradas para estos altares, sus ubicaciones y los rituales para continuar desarrollando nuestras relaciones con nuestros antepasados.

El tercer capítulo se centra en las numerosas ceremonias que los antiguos pueblos mesoamericanos celebraban para honrar a sus ancestros. Algunos ritos se prolongaban hasta que se creía que el antepasado había alcanzado un destino en la otra vida; otros estaban asociados a sus calendarios solares y rituales. A continuación exploraremos nuestras propias ceremonias y representaciones sagradas para honrar y amar a nuestros ancestros y fortalecer nuestras conexiones con ellos, así como fortalecer nuestras conexiones con nuestros antepasados como familia con la elaboración de artesanías rituales. Estas actividades a menudo pueden inspirar a nuestras familias y a nuestros hijos y ser increíblemente sanadoras para que nuestro niño interior se sienta orgulloso de sus conexiones familiares y culturales.

El cuarto capítulo examina la diversa comprensión del renacimiento, la renovación y la continuación de la energía del alma de un antepasado y las muchas formas como podía manifestarse. Su energía anímica, por ejemplo, podía convertirse en árboles y plantas de importancia económica y simbólica, ser heredada por sus descendientes, participar en distintos tipos de ciclos cósmicos, fluir en el mar o el océano a la espera de su renacimiento, experimentar una apoteosis solar, formar parte de la energía anímica universal, convertirse en espíritus o dioses o convertirse en un animal mitológico o real[20]. A partir de esta sabiduría sagrada nos adentramos en ritos que invitan a las almas de nuestros ancestros a compartir espacio y renacer en nuestros jardines, asumiendo una función más activa e interviniendo a nuestro favor, así como rituales para invocar y reforzar nuestra conexión con ellos.

El quinto capítulo profundiza en la divinización de los ancestros más preciados y en cómo esto a menudo permitía poderes especiales dentro del linaje del antepasado, como viajar, comprender y acceder a medicamentos, mensajes y sabiduría de reinos no ordinarios, así como reforzar su magia, sus habilidades para cambiar de forma, su vocación y, por supuesto, legitimar su poder y gobierno. Las mitologías representaban a los antepasados como deidades o energía divina. Esta energía ancestral deificada se transfería a un gobernante al nacer y durante los rituales de acceso. Puede ser una experiencia increíblemente aleccionadora y positivamente transformadora cuando podemos aceptar que aquellos que identificamos como nuestros antepasados son energía divina y que nosotros también estamos compuestos de esa misma energía. Entonces nos abrimos a dulces ceremonias de sanación con el objetivo de proclamar a nuestros ancestros y a nosotros mismos como pura energía sagrada divina y para atraer más sabiduría y sanación para nosotros mismos y para nuestros linajes familiares y ancestrales. Del mismo modo, existen prácticas auténticas de amor propio y ritos de limpieza para potenciar nuestras prácticas de veneración y sanación ancestrales.

El epílogo entreteje los ritos ancestrales destacados en este libro para purgar el dolor de la muerte de seres queridos en espacios rituales seguros y facilitar su grácil transición. Una de las cosas que me sorprendió un poco fue el creciente número de clientes que acudían a mí por estas dos razones exactas, casi inmediatamente después de que empezara a investigar para este libro. Fue casi como si todos nuestros antepasados conspiraran juntos para asegurarse de que existiera un mayor acceso que enseñara a las personas formas más sanas de procesar la pérdida de un ser querido o de alguien que estaba a punto de hacer la transición. A pesar de la gratitud de mis clientes por la forma como estos ritos les han ayudado, por la razón que sea, me debatí sobre la inclusión de este tema en el libro. No obstante, supe que había recibido otro fuerte empujón para compartir cómo estos ritos ancestrales pueden ayudarnos durante uno de los momentos más difíciles de nuestras vidas, la muerte de un ser querido, cuando mi editor me pidió una conclusión para este libro.

OBJETIVOS DE ESTE LIBRO

Uno de los principales objetivos de este libro es descolonizar y reivindicar las antiguas prácticas y tradiciones sagradas mesoamericanas de manera que puedan informar, inspirar y sanar nuestros lazos e identidades culturales y ancestrales. Por supuesto, esta reivindicación no se limita a las comunidades latinxs y xicanxs, y definitivamente es para nosotros. Debido a las complejas historias de colonización y guerra, muchos de nosotros tenemos lazos familiares que han sido tanto colonizadores como coloniza-dos. En el caso de los antiguos pueblos indígenas mesoamericanos, nues-tras prácticas y tradiciones sagradas han sido ridiculizadas y tergiversadas durante cientos de años. En la actualidad, estas prácticas siguen sin recibir el reconocimiento o la comprensión genuina que merecen.

La reivindicación de los antepasados y la voluntad de sanar nuestros linajes ancestrales se presta a una espiritualidad Nepantla, que integra la comprensión de que, si bien Nepantla es un espacio intermedio, también es un espacio donde reconocemos la maleabilidad de las identidades y reclamamos nuestro poder para definir a quiénes elegimos como nuestros ancestros, a los cuales nos arraigaremos y cómo los imaginamos a ellos y también a nosotros. Aquí se mezclan prácticas no religiosas, paganas, reli-giosas y centradas en el corazón. Básicamente, cualquier tipo de tradición o práctica que implique creer en algún tipo de poder divino y los ritos derivados y pertinentes.

Diego Durán, misionero y etnógrafo del siglo XVI, registró por pri-mera vez el uso de Nepantla cuando interrogó y reprendió a un indí-gena sobre cómo trabajaba tanto para ganar su dinero, pero luego lo gastaba todo en una boda a la que invitó a todo el pueblo. El indígena le explicó que seguían en Nepantla, en un espacio intermedio y que "no respondían ni a una fe ni a otra o, mejor dicho, que creían en Dios y al mismo tiempo conservaban sus costumbres y ritos ancestrales"[21]. Gloria Anzaldúa, teórica y artista xicana, se refiere a Nepantla como una cueva oscura de creatividad que puede fomentar un nuevo estado de com-prensión[22]. Lara Medina, teórica xicana, afirma: "Nepantla es el espacio fronterizo que puede confundir a sus ocupantes, pero que también tiene la capacidad de transformarlos"[23].

Los antepasados, dentro de esta visión antigua y contemporánea de Nepantla, son los que nos anclan, con un sentido de pertenencia, a algo más grande que nosotros. Algo divino y hermoso. Nos guían mientras damos forma, reclamamos y definimos nuestro camino y propósito en la vida. Nos enraízan en una historia que se convierte en parte de nuestras queridas identidades.

Ya no estamos agonizando en un espacio de líneas ancestrales desagra-dables e inciertas que pueden haber sido el colonizado, el colonizador, el violador, el violado, el disociado. Más bien, en esta espiritualidad Nepantla, nuestros antepasados elegidos nos enraízan en un espacio empoderado donde somos los sanadores de aquellos que vinieron antes que nosotros y vendrán después que nosotros y, como nuestros antepasados, estamos compuestos de "*xingon* divino" o energía "chingona" del alma.

En la espiritualidad Nepantla mostramos respeto. Al igual que nuestros antepasados mexicas y muchos otros que vinieron antes que nosotros, quienes reivindicaron y aprobaron a los antepasados y culturas de sus parientes extranjeros, los toltecas y teotihuacanos, aprendemos su historia, cultura y tradiciones y damos apoyo donde hay que darlo. Nosotros, los históricamente marginados, reivindicamos el poder y el derecho a la descolonización, la reindigenización y la reapropiación, la capacidad de redefinirnos a nosotros mismos, nuestra espiritualidad, nuestros antepasados, nuestro camino y nuestro propósito.

Las creencias, prácticas y tradiciones ancestrales de sanación y veneración compartidas en este libro pueden ser utilizadas por cualquiera que pueda honrar, respetar y apoyar a los pueblos indígenas mesoamericanos de estas prácticas, creencias y tradiciones sagradas. La apropiación no es algo nuevo y se ha hecho repetidamente hasta el punto de que reclamar la autenticidad y propiedad de las tradiciones culturales puede llevar fácilmente a una pendiente resbaladiza de deshistorización e inexactitudes. Sin embargo, la apropiación indebida y la apropiación de tradiciones y prácticas culturales históricamente marginadas, sin reconocerlas, perpetúan las atrocidades que se han cometido contra ellas.

Una vez más, es un tema común que ha prevalecido en todos mis libros anteriores. Esta reivindicación es medicina en sí misma y puede inspirarnos a recuperar nuestra sabiduría ancestral, que estaba desvinculada, para traerla de nuevo a nuestro patrimonio, así como aprender de las tradiciones indígenas, respetarlas y honrarlas. Comparto las tradiciones, prácticas y creencias de mis antepasados con amor y humildad en mi corazón con cualquiera que se sienta preparado y dispuesto a reconocer estas costumbres antiguas y que pueda abrirse, respetuosamente, a su belleza y sacralidad. Que la integración de estas tradiciones sagradas continúe sanándonos a todos y nos inspire para recuperar a nuestros antepasados y enraizarlos en nuestras queridas identidades.

El segundo objetivo de este libro no es solo poner en práctica el potencial poder curativo de la epistemología —al reivindicar estas tradiciones, prácticas e historias indígenas sagradas como dignas de ser examinadas, exploradas más a fondo y producidas en nuestras prácticas y ceremonias espirituales—, sino hacer que estas prácticas sagradas sean accesibles y relevantes para todos nosotros. Aunque estoy increíblemente agradecida con muchos estudiosos contemporáneos de la antigua Mesoamérica, que suelen ser apasionados y diligentes, también creo que es crucial que estas historias, prácticas y creencias sagradas sean relevantes y accesibles para todos los públicos, incluido especialmente el público en general.

Tras la conquista española, México, junto con muchos otros países latinoamericanos, sufrió más de quinientos años de genealogías indígenas borradas para evitar diversos tipos de sistemas de trabajo forzado e innumerables formas de discriminación sistémica y cultural por tener sangre indígena, ser indígena, parecer indígena o no parecer lo suficientemente indígena. Las prácticas de veneración ancestral identificadas en este libro pueden ser medicina para muchos de nosotros los latinxs y otros que, por la razón que sea, están desconectados de sus antepasados y ancianos de sangre y cuyos registros genealógicos están cargados de idiosincrasias históricas y posibles borrones. También funciona para aquellos que tienen un fuerte vínculo o algún tipo de lazo con sus antepasados y ancianos de sangre. Aunque la mayoría de los agentes literarios y editores me pidieron que retirara el material académico o la mayor parte de él (excepto Inner Traditions, por supuesto), no basta con compartir información anecdótica sobre estas antiguas prácticas mesoamericanas de veneración ancestral, sobre todo si uno de los objetivos es descolonizarlas y reivindicarlas. En estos complejos procesos de descolonización, reindigenización y reivindicación, a menudo es esencial situar críticamente diversas fuentes, incluidas las académicas y espirituales, para que se forme un diálogo entre ambas.

Durante la escuela de posgrado, a menudo me encontraba llorando lágrimas de alegría y paz al leer códices, porque sabía que mis ritos intuitivos actuales estaban motivados en parte por un recuerdo subconsciente de mis antepasados. Es increíblemente inspirador y sanador enraizar nuestras identidades y prácticas espirituales en el conocimiento de por qué hacemos lo que hacemos y cómo nuestros antepasados indígenas practicaban algo similar, lo que sugiere que los poderosos espíritus de nuestros antepasados siempre nos han guiado y siguen haciéndolo. Con este recuerdo nos enraizamos, rastreamos y reclamamos nuestra belleza y sacralidad a los que vivieron antes que nosotros.

Ya sea que estés leyendo esto para aprender sobre los antiguos ritos sagrados mesoamericanos de veneración ancestral, para conmoverte con historias contemporáneas de conexiones ancestrales, para inspirarte e integrar ritos de curanderismo de veneración ancestral o para aprender a sanar linajes ancestrales, aquí hay algo para ti. Como siempre digo a mis clientes, si hay algo que necesitas, no te obligues a leer o releer algo en su totalidad —ve a los títulos y obtén lo que tu alma necesita. Vuelve a ello cuando sientas que puedes hacerte el espacio y el tiempo necesarios para sanar, integrar o digerir por completo la información.

Como compartí en mi primer libro, *Cleansing Rites of Curanderismo* (*Ritos de purificación del curanderismo*), en la escuela de posgrado no quería simplemente estudiar el curanderx y desvincularme de mi práctica del curanderismo. Yo soy la curandera. Quería promulgar por qué estas prácticas sagradas son increíblemente sanadoras, nutritivas para el alma y absolutamente transformadoras. Como abogada sí pude trabajar en casos de justicia social y mi alma lloraba por proporcionar justicia más allá de un tipo de justicia monetaria, típicamente limitada. Así que, con la inspiración de mis mentores y ancestros, decidí, hace mucho tiempo, hacer una transición gradual, y a menudo dolorosa, fuera de estas funciones. Me convertí en una *"xingona"* politizada radical, devota de la espiritualidad Nepantla, reclamándome para mí misma y avanzando junto a mis antepasados en humildad, compasión, fe pura y confianza absoluta.

Este libro es mi ofrenda para mis ancestros y para ti.

CAPÍTULO 1

Encuentra a los ancestros que deseas venerar

En algunos lugares del mundo, muchos tenemos ahora la oportunidad de reivindicar e identificarnos abiertamente con nuestros antepasados, que pueden haber sido indígenas, brujxs, curanderxs, LGBTQ+ (lesbianas, gays, bisexuales, transexuales, *queer*, y más allá de estas categorías) y muchos otros ancestros históricamente marginados. Los privilegios, especialmente para los negros, indígenas y personas de color (*BIPOC*, por sus siglas en inglés) y cualquier grupo que haya sido históricamente marginado, suelen estar cargados de una idiosincrasia compleja por haber tenido que luchar por ellos en primer lugar. Tengo el privilegio de haberme inspirado en mis padres, que fueron los primeros de sus familias en asistir a la universidad para cursar estudios superiores. Mi padre era mexicano, un ingeniero que se graduó en una universidad en Estados Unidos a los 16 años y recibió, despiadada e injustamente, un disparo en el trabajo. Esto impulsó a su viuda (mi madre) a trasladarnos a Estados Unidos y también a cursar estudios universitarios. Durante nuestros primeros años en Estados Unidos hubo muchas ocasiones en que mi madre no estaba segura de qué nos daría para comer, pero no recuerdo que la comida alguna vez faltara. Lo que más recuerdo de mi primera infancia es la inmensa adoración y el orgullo que sentía por mi madre. Quería imitarla, incluida la emoción de poder reunirme y hacer mis deberes con ella.

Conseguí una comprensión lectora muy alta a una edad temprana, lo que me llevó a esconderme detrás de incontables libros —tareas inventadas en un intento por evitar muchos años de abusos sexuales por parte del hombre con quien mi madre contrajo segundas nupcias.

Reivindicar las partes más maltratadas de mí, de la indígena, frente a un grado importante de desdén familiar que borró a mi tatarabuela (que era una curandera muy conocida y muy versada en nuestras costumbres indígenas), me inspiró a luchar por mi privilegio de obtener una educación superior y, finalmente, sacar a la luz nuestras tradiciones y prácticas que habían sido borradas. Los privilegios de la vida, en sí mismos, no deben considerarse intrínsecamente malos. Lo que importa es lo que elegimos hacer con nuestro poder y nuestros privilegios. Reconozco mi idiosincrasia porque mis antepasados también tienen sus raíces en ella y, lo que es más importante, reconozco mi privilegio, nuestro privilegio de reivindicar y elegir a nuestros antepasados.

Esto no significa que nuestra elección de identificarnos con determinados antepasados no sea objeto de escrutinio por parte de aquellos que quieren mantener ciertos sistemas de opresión, especialmente el poder de definir y dar forma a las identidades. Por el contrario, significa que continuamos expandiendo nuestras libertades como *xingonxs*, ejerciéndolas con respeto, integridad y honor. Cuando damos a otro el poder, el derecho y el privilegio de definir nuestra identidad, le entregamos nuestro poder, nuestros derechos y nuestros privilegios. Las mejores formas de respeto, integridad y honor incluyen, sin duda, aprender todo lo que podamos sobre nuestros ancestros y reconocerlos durante este proceso, ya sea que el privilegio y el poder de definir quiénes son nuestros antepasados nos haya llegado desde un espacio de lucha o que simplemente siempre hayamos tenido este privilegio. Espero que estas prácticas mesoamericanas de veneración ancestral nos inspiren a ser conscientes de este privilegio y poder de elegir a nuestros antepasados, nuestras raíces, nuestras identidades y que lo hagamos con respeto, honor e integridad.

Si bien es importante tener en cuenta que los antiguos familiares mesoamericanos fallecidos pueden haber sido amados y honrados después de su muerte, es posible que no hayan llegado al nivel de convertirse en un "ancestro" o en un "antepasado honorario". Como era de esperar, los antepasados de la realeza y de la élite disponían de prácticas funerarias más elaboradas que permitían la continuación, la renovación y el renacimiento de su energía anímica de formas más dinámicas y eclécticas. Esta práctica no indica necesariamente que todos los individuos percibieran realmente a estos antepasados reales y de élite como poseedores de más prestigio ancestral que sus antepasados locales, familiares o comunitarios, o que integraran un sistema jerárquico de distinción entre determinados tipos de antepasados.

La negociación para determinar a quién identificaban como antepasado estaba relacionada con un sinfín de factores complejos y diversos, como los derechos otorgados y asociados, los privilegios, el poder, la legitimación y, por supuesto, un alto grado de amor y respeto por ellos. También se apropiaban de antepasados que iban más allá de los parientes consanguíneos. Un ancestro podía ser de la misma comunidad política, de la comunidad local, de la familia extensa, de la vocación, de la cultura y de la tierra sagrada.

Las diversas prácticas, tradiciones y creencias funerarias de los antiguos mesoamericanos en el momento de la muerte proporcionan una rica perspectiva sobre quién se convertiría en ancestro. Los ritos funerarios descritos en este capítulo se reservaban típicamente para los líderes y miembros prominentes de una comunidad y familia: aquellos que serían venerados y honrados como antepasados[1]. Los lugares en los que los antiguos pueblos mesoamericanos enterraban a sus antepasados eran esenciales para animar estos espacios con la energía del alma del difunto, lo que aseguraba el acceso continuo a sus antepasados, legitimando los reclamos a posiciones y recursos y aseguraba su lugar legitimaba en su vida después de la muerte[2]. Estos lugares también eran esenciales para garantizar la actuación de sus antepasados y su acceso a la creación cósmica, a los reinos no ordinarios —el supramundo, el mundo intermedio y el inframundo— y a los reinos de los vivos.

En este capítulo nos adentraremos primero en los lugares de enterramiento y las creencias asociadas a ellos, así como en las prácticas y la aprobación de los antepasados extranjeros. Exploraremos las prácticas de veneración ancestral de los entierros que, probablemente, revelaban quién era considerado un ancestro y nos basaremos en esta sabiduría ancestral para explorar con quiénes elegimos trabajar como nuestros antepasados, así como las ceremonias de curanderismo que nos permitirán conectar con ellos.

SEPULCROS ANCESTRALES
DE LA REALEZA Y LAS ÉLITES

Los gobernantes ancestrales y las élites solían ser enterrados en santuarios: enormes estructuras en forma de templos o pirámides. A menudo se les identificaba como antepasados de un pueblo o comunidad[3]. En periodos posteriores —finales del periodo Clásico y Postclásico—, estos antepasados solían ser incinerados en lugar de enterrados físicamente, como se hacía en el periodo Clásico[4]. Ya fuera mediante entierro o cremación, la ubicación de sus restos era determinante para garantizar su función en la creación y recreación cósmica y su acceso tanto a los reinos no ordinarios como a los planos vivientes.

Estos templos funerarios a menudo se construían en emplazamientos y se diseñaban como montañas cósmicas. Cada uno funcionaba como un *axis mundi* que permitía a los antepasados atravesar los reinos no ordinarios y convivir con otros antepasados estimados, seres sobrenaturales y deidades[5]. Estos templos funerarios públicos también funcionaban como escenarios gigantescos para enormes rituales procesionales, danzas y ofrendas que reforzaban el prestigio del ancestro. También solían tener espacios privados o cuevas con altares funerarios, santuarios u obras de arte sagradas para que ciertas personas selectas accedieran al poder y la sacralidad del difunto en un nivel más directo y profundo. La tumba de K'inich Janaab' Pakal I, en la zona arqueológica Palenque del periodo Clásico, por ejemplo, tenía un pequeño y elaborado pasadizo en forma de tubo, un psicoducto que se construyó para comunicar la tumba de Pakal con el Templo de las Inscripciones y con el exterior, lo que a su vez conectaba los reinos de los vivos y de los muertos[6].

La concepción y el diseño de los templos como montañas sagradas y el enterramiento de los restos de los antepasados dentro y debajo de ellas se remonta a Teotihuacán, en el México central, y continúa en la Tenochtitlan del Postclásico, donde los antepasados, las deidades y otros seres sobrenaturales residían y eran accesibles[7]. Dado que la protección de los restos de los antepasados más estimados era fundamental, la inhumación en cuevas era más teórica que real, ya que la mayoría de las cuevas no se podían vigilar y proteger fácilmente[8]. Los lugares funerarios de élite se colocaban en estructuras, o cerca de ellas, que simbolizaban montañas sagradas que se elevaban al Reino Paradisíaco Floral Celestial[9].

Las orientaciones funerarias cardinales también eran fundamentales para procurar la continuación, el renacimiento y la renovación de la energía del alma de los antepasados y para garantizar su acción y acceso continuos. Aunque existe una considerable variabilidad en la ubicación cardinal del templo funerario, su orientación y la orientación del cuerpo solían situarse en el este o el norte, o bien tenían una orientación este-oeste o norte-sur.

Para muchos pueblos del Clásico y Postclásico maya y del Postclásico de México central, la creencia común era que las almas de los antepasados reales, de los guerreros valientes, de los dioses y de otros seres sobrenaturales salían del este y viajaban por el camino florido —el camino del sol—, que ascendía por los niveles del supramundo. El este se concebía a menudo como el espacio de la energía dadora de almas del sol naciente, el renacimiento, la fertilidad, la creación y la completitud y renovación de los ciclos[10]. En Caracol, el yacimiento clásico maya, los templos funerarios orientales contienen con frecuencia más de un enterramiento formal[11]. En el yacimiento clásico de Río Bec, 17 de sus 18 enterramientos estaban orientados en dirección este-oeste[12]. En el yacimiento clásico de El Zotz, el Templo del Sol Nocturno y la plataforma de acceso están perfectamente alineados a lo largo de sus ejes centrales, lo que crea un claro vínculo entre dos tumbas y los individuos que yacen en ellas, ambos sepultados en los extremos este y oeste del eje principal de El Zotz[13]. La colocación de los individuos en una orientación este-oeste correspondía a su comprensión de la muerte, no solo como un punto final sino como un ciclo que implicaba la muerte y el renacimiento[14].

El norte era considerado típicamente como el espacio de los antepasados, la muerte, el lugar donde el sol alcanzaba su cénit, la dirección hacia arriba, el supramundo y sus reinos, la vida floreciente, la ascensión y la eminencia[15]. Los centros cívicos de Quiriguá, Tikal, Xunantunich, Piedras Negras, Palenque y Copán tenían ejes norte-sur fuertemente marcados: el norte albergaba tumbas reales, santuarios funerarios y monumentos esculpidos de antepasados estimados que servían como alusiones a su transición, perpetuación, renacimiento y resurrección. Los ejes largos de las tumbas reales solían ser perpendiculares a la trayectoria solar y la cabeza del difunto solía apuntar hacia el norte[16]. El norte se asociaba con lo de "arriba", con el lado "derecho" del dios sol, los cielos, el número 13 y el lugar de los ancestros.

En la ciudad clásica de Tikal, los antepasados fundadores e importantes de las dinastías locales fueron sepultados en el lado norte de la gran plaza, en el centro de la ciudad[17]. El templo funerario de Sihyaj Chan K'awiil de Tikal, estructura 33-1, es la reestructuración más alta y grandiosa de la Acrópolis Norte. Se trata de una tumba en el cielo donde residían los antepasados y a donde los vivos podían acceder para conmemorar, tanto públicamente, en el exterior de este grandioso templo, como en privado, en su interior, por herederos selectos[18].

Muchos mayas reales del periodo Clásico también construyeron tumbas de cámara para sus ancestros, dentro de los núcleos arquitectónicos de las pirámides y de la red interrelacionada de cámaras funerarias subterráneas[19]. Es probable que sepultar a sus antepasados en cámaras funerarias subterráneas tuviera varios propósitos; entre ellos, procurar la influencia de los antepasados sobre el inframundo —un espacio de decadencia y enfermedad y de posible renovación y renacimiento en el vientre de la tierra[20]. También se encontraron cámaras funerarias subterráneas de antepasados de élite en estructuras del periodo Clásico de Teotihuacán y del Postclásico azteca[21].

Para los mexicas del Postclásico, el norte era la dirección hacia la que se dirigía la gente después de morir y donde se determinaría si irían a alguno de los reinos del supramundo o del inframundo[22]. También era un espacio donde los mexicas enterraban los cuerpos o las cenizas de sus antepasados[23]. El Templo Mayor de Tenochtitlan dominaba el paisaje de la capital mexica con sus 60 metros de altura. La parte norte estaba dedicada a Tláloc, el dios de la lluvia, mientras que la mitad sur era el templo principal de la deidad tutelar del pueblo, Huitzilopochtli.

Según diversas fuentes del siglo XVI, el lado sur del Templo Mayor simbolizaba la mítica montaña de Coatepec, lugar de nacimiento de Huitzilopochtli[24]. El Templo Mayor y un patio contiguo, posiblemente el Cu de Huichilobos, eran los lugares donde se realizaban los rituales de cremación de los personajes más importantes de la élite mexica.

El Cu de Huichilobos era uno de los espacios más venerados, ya que se creía que se encontraba en la encrucijada de los puntos cardinales y los planos del universo[25]. A excepción de dos urnas funerarias recuperadas en el Templo Mayor, que podrían contener las cenizas de reyes mexicas, no se han excavado verdaderos entierros reales de este pueblo[26]. La sepultura de los restos cremados de los antepasados más importantes dentro del templo principal de la ciudad-estado no solo ocurrió en Tenochtitlan, sino también en otros estados del Postclásico central mexicano, como Texcoco[27].

SITIOS DE SEPULCROS ANCESTRALES PARA LA CLASE MEDIA Y EL PUEBLO

Los antepasados de la clase media y el pueblo solían ser enterrados en patios y casas residenciales. Esta práctica envolvía, animaba y nutría los espacios residenciales con las energías anímicas de sus ancestros, impedía que sus cuerpos fueran perturbados, ayudaba a los antepasados a encontrar el camino de regreso a sus hogares, les permitía guiar y proteger a quienes habitaban la(s) casa(s), legitimaba las reclamaciones de herencia o recursos a través de lazos genealógicos y servía para registrar simbólicamente la ascendencia y las líneas de descendencia[28]. Con frecuencia, las casas se consideraban réplicas a pequeña escala del cosmos y servían de símbolo —físico, teórico y lingüístico— para la familia[29]. Su ubicación en patios residenciales y hogares facilitaba su acción y su función en la creación en una dimensión cósmica, comunitaria y familiar. Las comunidades y las familias también se convirtieron en las creadoras de su propia relación, a través de rituales, con sus antepasados y su acceso a ellos. El reino de los antepasados implicaba la comunidad, aquello que es vocacional, ceremonial y familiar: la sangre y la familia extendida[30].

En Teotihuacán —una enorme ciudad-estado multiétnica con lazos regionales en toda Mesoamérica—, los cuerpos de los antepasados se enterraban a menudo dentro del contexto doméstico donde todavía tenían una función activa por desempeñar para dar credibilidad vital a las posiciones sociales y espirituales de sus descendientes[31]. El entierro residencial de los difuntos honorarios típicamente los proclamaba y elevaba a la categoría de ancestros y promulgaba que, tanto en la vida como en la muerte, el yo, la casa y la comunidad eran expresiones importantes y entretejidas de la identidad[32]. El número de adultos enterrados en los recintos residenciales era significativamente menor en relación con el área de cada recinto, lo que indica que no todos los individuos difuntos alcanzaban el rango de ancestros[33].

Mientras a los extranjeros de Teotihuacán se les sepultaba de acuerdo con sus tradiciones culturales específicas —ubicación, contenedor, posición y ritos funerarios—, los extranjeros, como los zapotecas del barrio de Oaxaca, Tlailotlacan, a menudo adoptaban algunas de las prácticas funerarias ancestrales de Teotihuacán[34].

Las zonas residenciales de Teotihuacán solían incluir espacios para la preparación y el consumo de alimentos, dormitorios, áreas de almacenamiento, sectores para la basura, patios para actividades de culto y áreas funerarias[35]. La veneración ancestral y los ritos funerarios de los miembros de mayor estatus tenían lugar en el patio principal de los complejos residenciales y a menudo acompañaban la fase inicial de construcción de un complejo de viviendas de alto nivel[36]. Los antepasados de las familias con menos recursos económicos solían ser enterrados bajo las plataformas de las casas o en santuarios cercanos[37].

En el caso de los mayas, los entierros residenciales para las clases medias y bajas eran comunes en los periodos Clásico y Postclásico y continuaron incluso después de la conquista española del siglo XVI[38]. Los antepasados a menudo formaban parte de los cimientos físicos de la casa, ya fueran basamentos de piedra, una plataforma elevada o simplemente tierra apisonada. Los antepasados sepultados en las residencias incluían tanto a hombres como a mujeres[39]. En algunos sitios, los hombres eran sepultados con más frecuencia que las mujeres, pero ambos sexos solían recibir el mismo tratamiento funerario al morir[40].

Los datos sugieren que los entierros domésticos solían coincidir con renovaciones estructurales, lo que permitía a los descendientes evitar los problemas derivados del proceso de descomposición[41]. En uno de los yacimientos mayas más antiguos, Dzibilchaltún (500 a. C.–1150 d. C.), se construían nuevas casas normalmente cuando moría un miembro importante de la familia y se enterraba directamente bajo los muros de la casa o en la superficie de las plataformas residenciales[42].

En el México central del periodo Postclásico, la práctica de los sepulcros residenciales continuó para los antepasados de la clase media y el pueblo, con algunos matices en cuanto a su manera de morir. El Edificio 3 de Tula Grande, el centro cívico de principios del periodo Postclásico de Tula, contiene tres sectores principales —los grupos oeste, central y este— que presentan casas con tres escalones que conducen y colindan con un patio central hundido con altares. El patio del grupo oeste contiene un entierro humano, un antepasado enterrado[43]. Para los mixtecos de la costa oaxaqueña del Postclásico, el entierro residencial de los antepasados era una parte intrínseca de la continuación y recreación de las identidades comunitarias e individuales que legitimaban e impartían demandas sociales, económicas y espirituales a sus descendientes[44].

Las cenizas de los mexicas de clase media alta solían depositarse en el interior de estatuas o urnas de barro, que luego eran enterradas en un hoyo profundo cerca de los templos, en las cumbres de las montañas, en santuarios en los bosques y en los campos, patios y cámaras de sus hogares. Así mantenían a sus antepasados cerca de los espacios comunitarios y familiares[45]. Los entierros se reservaban para aquellos que no podían permitirse la cremación, los individuos de otros territorios, las mujeres que morían en el parto y los llamados por Tláloc: individuos que murieron ahogados, de lepra, gota o hidropesía y los que fueron marcados por los dioses de la lluvia y el agua. Las mujeres que morían en el parto eran enterradas en el patio del templo dedicado a la deidad Cihuapipiltin y eran endiosadas como mujeres guerreras Cihuateteo que llevaban al sol desde su cénit diario al inframundo[46].

A través de los entierros residenciales, las familias se convertían en creadoras y facilitadoras de su propia relación con sus antepasados y de ritos de veneración ancestral que seguían reforzando su conexión con lo sagrado. Estaban en presencia constante de sus difuntos. La elección de entornos residenciales como lugares de descanso final facilitaba los procesos y rituales ancestrales, sostenía los ritmos familiares, mantenía la comunicación de los vivos con sus antepasados y reforzaba las antiguas creencias sobre la continuidad, el renacimiento y la renovación de la energía del alma de los ancestros que envolvía y animaba los espacios residenciales. Muchos de los entierros que se encontraron fuera de la residencia o de los patios residenciales carecían de ofrendas funerarias o de preparativos, lo que sugiere que estos individuos no alcanzaron la categoría de ancestros[47].

POSIBLE APROPIACIÓN DE LOS MEXICAS DE ANCESTROS EXTRANJEROS

Si bien la remodelación, reinvención y reivindicación de vínculos con linajes e identidades ancestrales para luego otorgar derechos, privilegios y legitimar funciones y poderes venerados era algo bastante común entre los pueblos mesoamericanos, la reivindicación construida por los mexicas de sus antepasados extranjeros teotihuacanos y toltecas resulta especialmente fascinante. Hay diferencias en cuanto a la procedencia de los mexicas que emigraron en 1064 para finalmente llegar a Tenochtitlan en 1273. Algunos indican que vinieron de las tierras desérticas de Aztlán o de las siete cuevas de esta tierra[48]. El Códice Chimalpahin no hace referencia a un desierto, sino que indica que Aztlán estaba rodeada por una masa de agua. Cruzaron en barcos para salir de esta isla y desembarcaron en Culhuacán[49]. Sin embargo, todos los registros parecen coincidir en que los mexicas eran extranjeros en la cuenca de México y que procedían de orígenes muy humildes.

Durante su migración a Tenochtitlan, los registros hablan de sus encuentros con tribus extranjeras, incluidas las que entonces ocupaban Tula —los chichimecas y los montañeses— y relatan cómo fueron expulsados continuamente de tierras extranjeras hasta que fueron guiados divinamente a la desolada tierra pantanosa de Tenochtitlan, una ciudad-estado que sería conocida por su belleza arquitectónica y sus logros culturales sin precedentes[50]. Como eran ingeniosos y poseían una prolífica habilidad como guerreros y hechiceros, ascendieron rápidamente al poder y en el siglo XV formaron una triple alianza con otras dos ciudades-estados muy poderosas: Texcoco y Tlacopan. Sin embargo, primero Tlacopan y luego Texcoco vieron cómo sus privilegios y su poder disminuían bajo la inquebrantable presión de los mexicas. A principios del siglo XVI su alianza con los mexicas era más honorífica que real[51].

Cuando los mexicas se volvieron más poderosos, reivindicaron una conexión ancestral con Teotihuacán y los toltecas y diseñaron su recinto ceremonial y administrativo, su cultura, sus costumbres y sus mitologías para proclamar estas conexiones. Sus gobernantes viajaban a Teotihuacán cada veinte años para ofrecer sacrificios y elegían a sus gobernantes hereditarios en este lugar[52]. Los mexicas, que vivían en Tula, la capital y centro cívico-ceremonial de los toltecas, renovaron algunos de los edificios, hicieron ofrendas públicas dirigidas por el gobierno y modelaron parte de su arte y arquitectura según los prototipos de Tula.

Vivir en la capital de los toltecas, de quienes reclamaban ascendencia, fue una estrategia eficaz para que los mexicas absorbieran como propias su historia y cultura, evidentes en innumerables ejemplos de arquitectura y arte en el Templo Mayor[53]. La apropiación por parte de los mexicas de sus antepasados extranjeros toltecas y teotihuacanos se hizo, no obstante, con respeto, honor e integridad, en el sentido de que brindaron apoyo a sus antepasados culturales estudiarlos y reconocerlos en sus ceremonias, peregrinaciones y ofrendas.

ELECCIÓN DE NUESTROS ANCESTROS

Distinguir entre un "antepasado" y un "antepasado honorario", entendiendo que esta última identificación puede reservarse para aquellos con quienes trabajamos más íntimamente o regularmente en nuestras diferentes ceremonias personales y familiares de sanación y manifestación, o tener una etiqueta jerárquica o una relación con nuestros antepasados, es una elección personal. Muchos de mis clientes, especialmente mis clientes xicanxs (incluso yo misma), podemos simplemente identificar a todos nuestros familiares fallecidos como antepasados y honrar a otros como ancestros debido a una conexión sagrada cultural, de tierra o vocacional. Por ejemplo, en mi altar ancestral tengo fotografías que incluyen a mis familiares fallecidos y a otros con los que siento tener una conexión sagrada. Aunque honro los recuerdos de mis familiares fallecidos con ofrendas diarias de copal y los identifico como mis antepasados en mi altar ancestral, solo trabajo íntimamente con dos de mis familiares fallecidos como antepasados en mis ceremonias y viajes de trance. Sin embargo, identifico a todos como mis ancestros. También tengo algunos clientes que tienen relaciones jerárquicas y sistemas de etiquetado de antepasados. Antes de explorar el desarrollo de relaciones con nuestros antepasados, es fundamental que profundicemos y comprendamos que elegir y desarrollar estas relaciones es un poder, un derecho y un privilegio y, una vez más, debemos hacerlo con respeto, honor e integridad.

Nuestro camino para establecer conexiones con nuestros antepasados debería comenzar, idealmente, por sintonizar primero con quien podemos sentirnos conectados. Recuerda que no estamos obligados a desarrollar una relación con ninguno de nuestros familiares fallecidos ni a elevarlos a la categoría de ancestros solo porque sean de nuestra sangre o compartamos con ellos el mismo ADN. He tenido clientes que me han contado historias traumáticas sobre abuelos fallecidos u otros familiares que perpetraron o hicieron la vista gorda ante atrocidades sexuales o de otra índole dentro de la familia. Podemos optar por ofrecer sanación y amor a esas partes de nuestras familias y, si sentimos que es lo adecuado para nosotros, podemos honrar su memoria. Así como no estamos obligados a desarrollar una relación ancestral con alguien con quien no sentimos conexión, también podemos sentirnos inspirados, en distintos momentos de nuestra vida, a empezar a desarrollar vínculos con un antepasado con quien antes no sentíamos conexión.

También puede haber ocasiones en las que se presente un antepasado que no forme parte de nuestra herencia racial, étnica o cultural, o del que hayamos estado completamente alejados, pero sentimos una fuerte conexión con él; posiblemente sea un antecesor de una vida pasada. Si esto ocurre, por respeto a todo el mundo, actúa con la debida diligencia e investiga todo lo que puedas sobre esa persona, sobre todo si pretendes reclamarlo públicamente como parte de tu entorno ancestral. Investiga, identifica lo que te parezca intuitivamente correcto y decide si la información que has encontrado se relaciona con este antepasado. También es hermoso si tu conexión es privada y dulce y pretendes mantenerla así.

Aunque la apropiación es una dinámica bastante común a lo largo de nuestras historias y complejos desarrollos culturales, la toma de prácticas culturales sin reconocimiento alguno da lugar a la apropiación indebida. En este contexto, la apropiación indebida de prácticas culturales tiene lugar cuando no se reconocen las fuentes de inspiración, especialmente si estas fuentes proceden de pueblos históricamente marginados o están relacionadas con ellos.

Queremos que nuestros antepasados nos conozcan, que sepan cómo preferimos recibir orientación y que sepan cuáles son las formas ideales de intervenir a nuestro favor, entre otras cosas; entonces, lo lógico es que aprendamos lo que podamos sobre ellos. Si tenemos acceso a nuestros mayores, podemos preguntarles y también hacer nuestra propia investigación personal. Gracias a internet, que permite acceder fácilmente a los recursos y a muchos sitios académicos que ofrecen artículos de libre acceso, no hay excusa para no investigar y mostrar respeto a nuestros antepasados. Aunque tengamos una décima parte del linaje étnico o cultural de un antepasado concreto, es por respeto, amor y honor que investigamos y actuemos con la debida diligencia.

Si quieres conectar con antepasados que no pertenecen a tu linaje sanguíneo y forman parte de una identidad cultural compartida, ten en cuenta que determinar quiénes son y establecer conexiones con ellos es más una tarea intuitiva que analítica. Aprende a confiar en lo que te parezca correcto y verdadero. Cuanto más confíes en tu inteligencia intuitiva y la sigas, más fuerte se hará tu intuición y la conexión con tus ancestros. Esta conexión puede resultar en que seas bendecido con su energía del alma, sanación, dones, talentos y guía.

ENCUENTRA A TUS ANCESTROS EN LOS REINOS NO ORDINARIOS

Los reinos no ordinarios* —el supramundo, el mundo intermedio y el inframundo— y los numerosos espacios dentro de estos reinos abarcan el espíritu y los reinos intermedios donde podemos acceder a nuestros ancestros. Nuestros antiguos antepasados mesoamericanos y algunos más

---

*Los antiguos mesoamericanos solían dividir el mundo en dos formas: una cuatripartita, organizada horizontalmente en cuatro espacios cardinales (este, oeste, norte y sur), con un centro en el medio, y otra tripartita, que era una división vertical de los reinos no ordinarios en el inframundo, el mundo intermedio y el supramundo. El mundo intermedio abarcaba los espacios cardinales[54].

contemporáneos creían que cada reino no ordinario tenía su propia división y orden, dones sagrados, conocimiento, desafíos y medicina, así como ancestros, deidades, seres sobrenaturales y animales que estaban asociados con uno o más reinos.

Aunque los antepasados de la élite y de la realeza solían asociarse con un reino floral del supramundo, ser capaz de atravesar, ocupar y obtener medicinas, dones sagrados y visiones de los tres reinos era una habilidad muy preciada que los antepasados, especialmente los gobernantes anteriores, eran capaces de dominar o realizar. Una de las demostraciones más elegantes y conmovedoras de ello es la tapa del sarcófago del gobernante Pakal, que representa su salida del inframundo y su resurrección, regeneración y renacimiento definitivo. El inframundo está representado por las fauces abiertas de un ciempiés infernal. El gobernante resucitado se eleva a lo largo de un árbol del mundo, que actúa como *axis mundi* o portal que traslada su cuerpo al reino floral del supramundo[55]. Los nueve señores del inframundo están representados en relieves de estuco en las paredes de su tumba. En el espacio entre su tumba y el templo superior hay trece bóvedas que representan los trece niveles del supramundo al que asciende[56].

La energía del alma de nuestros queridos antepasados, especialmente los que tienen un mayor grado de esta energía, será capaz de guiarnos hacia y a través de estos reinos cuando necesitemos medicina, mensajes o conocimiento de ellos y nos ayudarán a traer de vuelta la medicina para nosotros mismos, la familia y los seres queridos. Dado que nuestros antepasados pueden aparecer en diferentes reinos no ordinarios en nuestro viaje de trabajo con ellos, es útil poder discernir el simbolismo, la medicina y el terreno común de estos reinos. Ser conscientes de estos factores también nos ayudará a discernir los mensajes, la medicina y la orientación que tienen para nosotros, así como a fortalecer nuestras conexiones con ellos.

Aunque se creía que nuestros ancestros residían en el reino floral del supramundo, también podían atravesar y residir en otros reinos no ordinarios. A menudo encuentro antepasados durante un viaje con un cliente en un reino no ordinario en particular porque están buscando la(s) pieza(s) de alma perdida(s) de este cliente, les gustaría que mi cliente se conectara con un don o medicina en particular de ese reino no ordinario o están obteniendo medicina, dones o conocimientos de estos reinos para ellos mismos, la familia, los aprendices del linaje o nosotros en estos reinos. Permítete ser abierto, humilde y agradecido sobre lo que se te muestra en tus viajes y en la conexión con tus ancestros en estos reinos. Cuanto más lo hagamos, más acudirán nuestros antepasados a nosotros para ayudarnos, guiarnos e intervenir a nuestro favor.

Supramundo

Para los antiguos pueblos mesoamericanos, el supramundo estaba típicamente vinculado con el cielo y el cosmos. Era el lugar donde se almacenaba y emitía la energía animadora y un espacio que podía observarse con fines adivinatorios para comprender mejor las actividades de las deidades, los antepasados y los seres sobrenaturales y para discernir cuándo realizar determinados rituales. El supramundo era también el lugar donde tenían lugar los procesos idealizados de renacimiento y resurrección. El supramundo de los antiguos mesoamericanos se dividía a menudo en trece niveles ascendentes, aunque algunas fuentes del periodo Postclásico de México central indican una división de nueve o doce[57]. Cada nivel reflejaba y emitía un aspecto diferente de la energía del alma[58].

El Códice vaticano A describe los distintos niveles del supramundo central mexicano. El más bajo era el visible para todos. Era el reino donde viajaban la luna y las nubes. El segundo nivel era Citlalco, el lugar de las estrellas[59]. El tercer nivel era aquel en el que residía Tonatiuh, la deidad del sol[60]. El cuarto era Ilhuícatl Huitztlán, el lugar donde se podía ver a Venus (Citlalpol). El quinto era el nivel de los cometas, las estrellas humeantes o meteoros (*citlalin popoca*), una fuente inmediata de *tonalli*. Los niveles sexto y séptimo eran los niveles de la noche y el día, donde solo podían verse los colores verde y azul (o alternativamente, negro y azul). El octavo nivel era el lugar de las tormentas. El noveno, décimo y undécimo eran la morada de los dioses. El duodécimo y el decimotercero comprendían Omeyocán, el lugar de la dualidad, la fuente de la generación y la vida, la morada primordial de su principal deidad creadora, Ometeotl[61].

Los códices etnohistóricos y las obras de arte proporcionan más información sobre algunos de los reinos paradisíacos del supramundo.

Tlalocan —lugar de Tláloc y la cuarta capa de este mundo superior—, era un paraíso terrenal de plantas verdes y de primavera interminable. Los que morían de fenómenos asociados con el agua, como rayos, ahogamientos y enfermedades transmitidas por este líquido, iban a Tlalocan[62]. El reino floral —Xochitlán o Tonatiuhilhuicac— era otro reino paradisíaco donde los queridos ancestros se convertían en pájaros y mariposas y pasaban una eternidad bebiendo el néctar de las flores, tanto en este reino celestial como en la tierra[63]. Chichihualcuauhco era otro reino paradisíaco a donde iban las almas de los niños muertos. Era el lugar de un árbol nodriza celestial del que colgaban pechos y del que bebían los niños[64].

Los trece niveles ascendentes del supramundo maya estaban asociados con diferentes planetas, deidades, cometas y el sol. A pesar de que la dinámica específica de estos trece niveles aún no se conoce del todo, las obras de arte y los libros del *Chilam Balam** proporcionan información sobre estos trece niveles. Según el *Chilam Balam de Maní*, la luna estaba en el primero, las estrellas en el segundo, Venus en el tercero, el sol y Mercurio en el cuarto, Marte en el quinto y Júpiter y Saturno en el sexto. El *Chilam Balam de Kaua* situaba a Venus en el tercero y al sol en el cuarto nivel[65]. En las obras de arte, el sol y la luna solían representarse a lo largo de una serpiente bicéfala que trazaba una elipse y marcaba el movimiento anual del sol a través del cielo.

Diego de Landa, misionero y etnógrafo del siglo XVI, menciona que los mayas yucatecos concebían un reino paradisíaco donde los que llevaban una vida virtuosa entraban libres de dolor, donde había abundancia de comida, bebidas deliciosas y un árbol refrescante y sombreado llamado yaxché (ceiba). Bajo la sombra de este árbol podían descansar y estar en paz para siempre[66]. De Landa no aclara si este reino paradisíaco estaba en el supramundo. Karl Taube, especialista en temas mesoamericanos, señala que este reino paradisíaco es probablemente el reino floral o la montaña de las flores.

---

*Los libros de *Chilam Balam* son los libros sagrados de los mayas de Yucatán. Son la fuente más importante sobre el conocimiento tradicional de los primeros mayas coloniales, ya que la información escrita de este periodo es más bien escasa. Fueron escritos a mano y llevan el nombre de los pequeños pueblos donde se guardaban originalmente.

El reino floral era omnipresente en el arte maya: era tanto la morada de los antepasados como el modo en que estos y los dioses celestiales ascendían al cielo[67]. En arquitectura, el reino floral se representaba como una pirámide con escaleras, a menudo flanqueadas por serpientes emplumadas, que probablemente servían como paso simbólico a este paradisíaco supramundo. Este reino floreado también se asociaba con el este, el amanecer del sol y con el norte, cuando el sol estaba en su cénit[68]. Por tanto, no estaba necesariamente inmóvil en el cielo: seguía la trayectoria del sol y probablemente era uno de los reinos del supramundo más venerados.

El territorio y la medicina del supramundo

Hay que tomar en cuenta que mis descripciones de los reinos no ordinarios y de las medicinas que ofrecen no debe interpretarse como la última palabra sobre ellos, sino más bien como una guía. Puedes utilizarlas como trampolín, para volar con ellas o simplemente para fluir con tu intuición.

En mis experiencias personales y en las de mis mentores y clientes, el supramundo tiende a implicar terrenos cósmicos, mágicos y surrealistas, se siente ingrávido y suave y parece etéreo. He visto a los niños interiores de mis clientes cabalgar sobre serpientes emplumadas, ser aconsejados por estimados antepasados, jugar entre flores cantarinas y he visto castillos y templos hechos de hermosos cristales y minerales. Se puede entrar en el supramundo a través de los sueños, las cuevas de las montañas, los troncos de los árboles, las cascadas y las visualizaciones de nubes o arcoíris.

Los dones y medicinas del supramundo incluyen:

- Orientación, intervención o ayuda de los antepasados o de otros seres divinos y sobrenaturales (terrenales y cosmológicos).
- Aprovechamiento de las energías sagradas del renacimiento, la resurrección y la creación.
- Conexión con la inocencia, la dicha, la alegría y la felicidad de la infancia.
- Recarga de objetos y espacios con determinadas energías planetarias o estelares y el acceso a las energías de las esencias sagradas del sol y los espacios cardinales.

Otro don del supramundo es la capacidad de conectar con trozos de alma y recuperarlos. Las partes de nuestra alma que se encuentran en este mundo superior suelen estar allí para obtener la medicina para verdades que son demasiado difíciles de ver o porque alguien o algo, que teníamos en un pedestal, nos ha defraudado.

Mundo intermedio

El mundo intermedio estaba compuesto por los cuatro espacios cardinales y un centro, así como por espacios naturales y creados por el hombre que actuaban como portales para acceder a las energías sagradas de los espacios cardinales y los reinos no ordinarios.

También proporcionaba las puertas y los hogares para que entraran o residieran antepasados, deidades y seres sobrenaturales. Los espacios cardinales podían ser fijos —como nuestra noción de cuatro puntos fijos, que pueden determinarse con una brújula—, pero también podían verse como diversos movimientos y categorías cuando tenía lugar un proceso específico[69]. Como señala David Stuart, estudioso de Mesoamérica, es probable que existiera una variedad de formas e ideas relativas a los espacios cardinales, tanto si se expresaban en forma de quincunce como de alguna otra forma. Con el quincunce, por ejemplo, los movimientos podrían abarcar los puntos solsticiales, y señalar el movimiento anual del sol a lo largo del horizonte de la tierra y el centro. Pero también podría representar los puntos de la salida y la puesta del sol y el cénit y el nadir —los procesos y lugares del movimiento diario del sol alrededor de la tierra[70].

Los espacios cardinales también eran entidades sagradas por derecho propio. Cada uno tenía sus propias formas de sabiduría divina, dones sagrados, patrones, colores, árboles del mundo, deidades, signos del día, signos del año y montañas. Sus símbolos, significados y propósitos a menudo variaban entre los antiguos mesoamericanos. Las entidades sagradas de los espacios cardinales también eran responsables de los elementos —fuego, sol, agua, aire y tierra— que mantenían el equilibrio en la tierra[71]. Se creía que cada uno de los espacios cardinales almacenaba y emitía energía del alma y tenía un árbol del mundo que actuaba como un *axis mundi* donde se podía acceder a los reinos no ordinarios[72]. Los chamanes viajaban a estos otros mundos para diagnosticar y curar dolencias, para acceder a la sabiduría sobrenatural y a la medicina y para recuperar trozos de alma[73].

Los antepasados podían ocupar elementos geológicos sagrados del paisaje, como montañas, cuevas, bosques, determinados árboles, barrancos, hormigueros, bordes de volcanes, determinadas masas de agua y en las intersecciones entre dos elementos naturales. También habitaban en edificios y sitios arquitectónicos que reflejaban espacios naturales sagrados y actuaban como portales hacia el supramundo y el inframundo.

El mundo intermedio también comprendía reinos terrestres paralelos, tanto temporales como espaciales. Los chamanes adivinos accedían a estos reinos paralelos mediante la visión de un acontecimiento pasado o presente. También podían adentrarse en las grietas de un cruce de caminos o en un hormiguero para recuperar el *tonalli* perdido de una persona. La investigación sobre los sueños y la interpretación de los mismos realizada por el etnógrafo del siglo XVI Fray Bernardino de Sahagún en su obra *Primeros memoriales* también sugiere que viajar a otros reinos durante los sueños, a través del *tonalli*, incluía realidades terrestres paralelas del mundo intermedio en diferentes momentos y lugares. El material de Sahagún sobre la interpretación de los sueños incluye sueños de personas en algún tiempo futuro o realidad paralela, en los que ven cómo se queman sus casas, cantan en ellas o construyen nuevas, todo lo cual refleja reinos paralelos del mundo intermedio[75].

El territorio y la medicina del mundo intermedio

El mundo intermedio es paralelo a los reinos de la tierra y tiende a parecerse a lugares literales o metafóricos terrenales. En el mundo intermedio se puede acceder a todos los tiempos e historias de la tierra. Los espacios-tiempos son hologramas, por lo que el tiempo puede detenerse para inspeccionar y examinar algo más a fondo para comprender, honrar e integrar las lecciones. Se puede entrar en el mundo intermedio a través de los sueños, las cuevas de las montañas, los troncos de los árboles y nuestros recuerdos de un lugar "terrenal".

Algunos de los dones y medicinas comunes del mundo intermedio son:

- Conectar con y/o recuperar trozos de alma. Las partes de nuestra alma que se encuentran en el mundo intermedio suelen residir allí para obtener medicina por algo que ocurrió en otro momento de nuestra vida o en una vida pasada.
- Aprovechar las energías sagradas de la fertilidad, la renovación y la creación de vida.
- Aprender a ser resistente y a cambiar con mayor facilidad y gracia.
- Acceder a la generosidad y la abundancia.
- Sanar, reescribir y cambiar una situación que ocurrió en nuestra vida actual o en una vida pasada.
- Enraizarnos y equilibrarnos energética, mental, física y emocionalmente.
- Obtener sabiduría de la tierra y sus elementos.

Inframundo

El inframundo se entendía típicamente como un lugar temido de pruebas y tribulaciones. Se asociaba con la oscuridad, la noche, el sol nocturno y la luna. Al mismo tiempo, albergaba poderes regenerativos y por la noche emitía energías transformadoras. Se creía que la deidad del sol viajaba al inframundo por la noche, se transformaba en jaguar y resucitaba de nuevo al amanecer[76]. Curiosamente, muchos planetas, deidades y fenómenos naturales tenían aspectos tanto nocturnos como diurnos, entre los que viajaban y se transformaban. Por la noche se convertían en señores y representantes del inframundo. Los antepasados, las deidades y los seres sobrenaturales también podían atravesar y residir en el inframundo.

Los pueblos del centro de México creían que el inframundo constaba de nueve niveles, ocho de ellos bajo la tierra. La mayoría de las personas que morían por causas naturales, enfermedades, accidentes u otras circunstancias no especificadas por los dioses, habitaban el inframundo[77]. En su mito de la creación humana, llamado *La leyenda de los soles*, Quetzalcóatl —una deidad de la creación y el viento— debía viajar al inframundo para recuperar los huesos de los humanos del mundo anterior. El taimado Mictlantecuhtli —señor principal del inframundo— accedió a entregar los huesos, pero exigió a Quetzalcóatl que se sometiera a unas pruebas que incluían soplar para hacer música con una caracola sólida. Con la ayuda de algunos gusanos y abejas, el dios superó con éxito las pruebas, obtuvo los huesos y huyó con ellos. Finalmente, Quetzalcóatl devolvió los huesos a Tamoanchan, el lugar de origen, donde Cihuacóatl, —una deidad de la madre tierra—, los molió hasta convertirlos en una harina sobre la que los dioses derramaron gotas de su sangre para crear la raza humana que conocemos. Gracias a que Quetzalcóatl superó con éxito las pruebas del inframundo, se forjaron la vida y los nuevos comienzos[78].

Los mayas creían que el inframundo constaba de nueve niveles bajo la tierra. La entrada al inframundo era un lugar acuático al que se podía acceder cruzando dos ríos, a través de cuevas, masas de agua estancada y lugares oscuros y salvajes, como los bosques[79]. En el *Popol Vuh*, el texto maya K'iché' postclásico, el inframundo se representa como un reino acuático o una masa de agua real y como una fuente de transformación y resurrección. Los míticos héroes gemelos pasan por una serie de pruebas que parecen ser metáforas de la superación de la enfermedad y la muerte.

Para engañar a los señores del inframundo, los huesos de los gemelos se trituran como harina de maíz y se arrojan al río. La fe y los actos heroicos de los héroes gemelos son recompensados y resucitan como apuestos muchachos que acaban derrotando a los señores del Inframundo[80].

El territorio y la medicina del inframundo

El inframundo puede parecerse a escenarios terrestres, como océanos, mares, montañas, bosques, puentes, selvas y cuevas. Suele ser volátil y puede convertirse en otra cosa en un abrir y cerrar de ojos, sobre todo a medida que profundizamos en la consciencia de nosotros mismos y superamos nuestras pruebas y tribulaciones. Los habitantes del inframundo suelen ser espíritus de plantas, animales, elementos y seres conocidos como guardianes de la tierra. Los guardianes de la tierra conocen la vasta naturaleza multidimensional e intradimensional de la tierra y pueden permitir el acceso a cualquier plano terrenal, realidad o tiempo, por lo que pueden ayudarnos a atravesar más de una realidad a la vez. Nuestros antepasados y guías animales pueden conducirnos a través del inframundo y llevarnos hasta los guardianes de la tierra. Es típico entrar en el inframundo a través de un charco de agua o de alguna abertura como una cueva, el tronco de un árbol, un cenote o un túnel.

Algunos de los dones y medicinas del inframundo son:

- Absorber sus poderes regenerativos si efectivamente avanzamos en la liberación de las energías tóxicas que nos agobian.
- Aprovechar las energías transformadoras que se emiten por las noches.
- Permitir que nos inspire persistencia, coraje y humildad.
- Comprender, trabajar y sanar nuestros aspectos sombríos.
- Conectar con las piezas del alma y recuperarlas. Entender lo que necesitamos liberar para poder dar la bienvenida de regreso a casa a nuestras piezas de alma perdidas.

VIAJE AL INTERIOR DEL SAGRADO CORAZÓN

Nuestro sagrado corazón es el espacio donde podemos viajar con seguridad a los reinos no ordinarios, así como a todas las dimensiones, linajes de almas, mundos y realidades —del pasado, presente y futuro. Malina, una de mis tantas mentoras, me enseñó a viajar al interior del sagrado corazón. Me explicó que estaba en lo más profundo de mi propio corazón. Es el espacio interno donde nos abrimos al "Yo Soy", que es la presencia divina dentro de todos nosotros y donde nos convertimos y tenemos acceso a infinitas posibilidades. Viajar al interior del sagrado corazón nos ayuda a liberar y transmutar la consciencia de dualidad, el miedo, la duda y otros pensamientos y emociones de baja vibración. También nos anima a recordar nuestra naturaleza infinita y nos inspira a reclamar nuestro poder para crear realidades ideales para nosotros mismos.

Para los antiguos pueblos mesoamericanos, el corazón de un lugar, espacio, objeto sagrado o persona podía ser sinónimo del *axis mundi*, donde converge la energía sagrada y permite el acceso a los reinos no ordinarios[81]. El eje central del universo se representaba a menudo como un árbol del mundo que actuaba como puente cósmico para los reinos no ordinarios. Sus raíces estaban en lo más profundo del inframundo, su tronco en el mundo intermedio y sus ramas alcanzaban el supramundo. El árbol del mundo, como eje central, se reflejaba en cada uno de los otros espacios cardinales —sur, oeste, norte y este—, cada uno con su propio árbol y ave. Estos otros árboles del mundo, vistos como las cuatro esquinas del cielo, también podían actuar como puentes entre mundos[82].

Es en estos reinos donde podemos profundizar enormemente la conexión con nuestros antepasados. Sin embargo, hay una paradoja en este viaje: no entramos ni viajamos al sagrado corazón. Simplemente recordamos que no hay separación entre nosotros y lo divino porque encarnamos lo divino. En este recuerdo divino, la "protección" de los demás ya no es necesaria en ningún nivel. Como lo divino, elegimos lo que permitimos en nuestro espacio. Podemos simplemente establecer la intención de lo que elegimos y saber que esta intención se mantendrá. No obstante, el ritual de viajar al interior del sagrado corazón siempre me inspira una profunda humildad, compasión y amor, por lo que siempre participo en esta ceremonia. Me encanta y espero que a ti también.

🜖 Limpia del espacio antes de tu viaje

Si realizas o no los ejercicios de respiración recomendados, antes de viajar al interior del sagrado corazón para conectar con un antepasado, por favor considera hacer una limpieza del espacio en el que realizarás tu viaje para preparar el escenario y asegurarte de que la energía que te rodea esté equilibrada y limpia. Cubro muchas maneras diferentes de hacer limpias de espacio en *Ritos de veneración del curanderismo* y una manera fácil de hacerlo es tiznarlo* con un manojo seco de hierbas, como salvia, romero, hierba de cedro o hierba dulce —todas las hierbas tienen propiedades de limpieza. También puedes hacer una limpia con fuego blanco, para la cual necesitarás:

- Una olla con asa, preferiblemente de acero inoxidable o hierro fundido. (Los utensilios que utilices para las limpias no deben usarse nunca para cocinar, comer o beber. Son tus objetos mágicos sagrados

---

*Tiznar es un método de limpieza que implica conseguir un manojo de hierbas secas, encenderlas y agitar suavemente el manojo alrededor de tu cuerpo, objetos sagrados y espacios vitales para limpiarlos y bendecirlos con el humo que brota del manojo.

y deben colocarse en un espacio aparte, fuera del alcance, para que no se utilicen por error).

- Un par de puñados de sales de Epsom.
- Aproximadamente de 8 a 10 cucharadas de alcohol de quemar (un pequeño chorrito).
- Plantas secas. Cualquiera o una combinación de ellas es excelente para despejar, alimentar y revitalizar espacios: romero, ruda, limoncillo, salvia, perejil, lavanda, manzanilla, tabaco, flores de lantana.

Puedes dejar la olla en el suelo o sujetarla con cuidado por el asa, según te resulte más cómodo. Coloca todos los elementos en la olla. Antes de la limpia de fuego blanco, agradece a los espíritus del fuego y las hierbas que te hayan ayudado a limpiar tu espacio vital. Si te sientes cómodo, considera la posibilidad de dar las gracias también a todos los elementos utilizados en esta limpia y en todas tus limpias. Se cree que esos elementos tienen un espíritu y por eso les agradecemos antes de trabajar con ellos. A continuación, tira con cuidado una cerilla de madera encendida en la olla. Una vez que se haya limpiado el espacio, realiza el trabajo de respiración chamánica recomendado (opcional) y el viaje en trance al sagrado corazón para acceder a un antepasado.

Conexión del sagrado corazón con un ancestro

Escuchar grabaciones de tambores rítmicos repetitivos, pulsos binaurales, sonidos de cuencos de cristal y música Hemi-Sync puede ayudar a acceder a estados de trance o meditación profunda. En mis clases y en mi trabajo con clientes me gusta utilizar una combinación de sonido, respiración y estimulación de los centros energéticos. Dependiendo de la facilidad con la que puedas acceder a estados de trance o meditación profunda, es probable que necesites o no realizar los ejercicios de respiración chamá-nica recomendados. Varios tipos de ejercicios de respiración chamánica pueden inducir estados de trance particulares. Algunos pueden calmar y aquietar la mente de mono, mientras que otros pueden darnos una ener-gía restauradora que nos permita viajar a los reinos no ordinarios. Los siguientes son ejercicios de respiración chamánica que considero ideales para este trabajo.

Trabajo de respiración para viajar al interior del sagrado corazón

◈ Ejercicios de respiración centralizada

Coloca las manos sobre la cara, inspira fuerte y aguanta la respiración unos segundos. Antes de exhalar, coloca las manos en posición de oración y exhala lentamente mientras mueves las manos hacia abajo (hacia el pecho), sin abandonar la posición de oración. Mientras mueves las manos hacia abajo, establece la intención de alinear toda tu energía con el centro del pecho, nuestro centro energético de amor incondicional, perdón y compasión. Repítelo tres veces.

◈ Activación del centro de energía del corazón

Coloca las manos en el mudra* maya de elevación: enrosca los dedos índice, medio, anular y meñique hasta el primer dígito (pulgar) y coloca las manos en esta posición contra el centro del pecho mientras mantienes el pulgar recto. Inhala y exhala con un "ah". Repítelo tres veces.

◈ Equilibrio hacia una consciencia superior

Inhala, contén la respiración y contrae todos los músculos de los glúteos y del abdomen inferior y superior, curvando ligeramente la columna vertebral hacia adentro. Mantén la respiración durante unos 30 segundos y visualiza una bola rubí de energía que se forma en tu coxis. Exhala lentamente por la boca y deja que la bola de rubí suba por tu columna vertebral, enderezándola lentamente. La bola rubí debe viajar desde tu coxis hasta la parte superior de tu cabeza. Repítelo tres veces.

◈ Viaje en trance al sagrado corazón para conectar con un ancestro

Mientras inhalas y exhalas lentamente y con intención, tómate un momento para contemplar si hay un antepasado concreto con el que te gustaría conectar. Alternativamente, puedes permanecer abierto en cuanto al

---

*Los mudras son posturas de las manos, el cuerpo o la cara que actúan como catalizadores para acelerar las corrientes electromagnéticas y afectan a los cuerpos energéticos sutiles. Al igual que los puntos de acupresión, estimulan zonas concretas y sistemas energéticos correlacionados que nos permiten entrar en reinos no ordinarios específicos.

antepasado y considerar si estás llamado a conectar con un pariente consanguíneo, familia extendida, una conexión cultural o vocacional o un antepasado asociado con una región particular del mundo con la que te sientas intuitivamente conectado.

Permítete entrar en trance o estado meditativo mediante la intención o cualquiera de los métodos recomendados anteriormente. Tómate un momento para reconocerte a ti mismo por haberte tomado el tiempo y el espacio para hacer algo que pueda nutrir y alimentar tu espíritu y tu alma y permitir que tu corazón siga abriéndose a ti. Fija la intención de viajar a tu sagrado corazón y conectar con la presencia divina que hay en ti, tu "Yo Soy". Si tienes problemas para conectar con tu "Yo Soy", una orden y una declaración de verdad es un método poderoso y eficaz para entrar en este espacio: "Apártate, ego, en nombre de Dios*. Yo Soy el que Soy".

Permite que tu corazón siga abriéndose hacia ti y ámate aún más. Mientras abres tu corazón, imagina una luz esmeralda que sale del centro de tu pecho. Al otro lado de la luz esmeralda hay un reflejo de ti en un espejo; es el tú que siempre atrae las sincronicidades ideales en tu vida, el tú que sabe cómo manifestar y lo hace en y con impecabilidad, el tú que es puro amor y solo amor.

Ahora mira a tu "Yo Soy" volverse infinitamente pequeño, erguido sobre una corriente de luz de punto cero que irradia desde tu sagrado corazón. Camina hacia y dentro del sagrado corazón. La primera puerta de entrada a él son los fuegos violetas del amor divino transfigurador y de la perfección física infinita. Permite que los fuegos violetas te abarquen, acaricien y amen completamente. Deposita en ellos cualquier emoción o creencia tóxica que estés dispuesto a soltar, especialmente el autojuicio, la autocrítica, los miedos y las dudas. Permítete permanecer en los fuegos violetas a lo largo de este viaje, y liberar cosas que estés listo para soltar, así como cosas que puedan surgir en el viaje. Somos multidimensionales dentro del sagrado corazón. La segunda puerta de entrada al sagrado corazón son los fuegos blancos de purificación y resurrección. Permite que los fuegos blancos también te abracen completamente, te acaricien, te amen y te inspiren para recordar y convertirte en tu naturaleza infinita del "Yo Soy".

---

*Utilizo el término Dios para referirme al "amor divino", libre de cualquier asociación religiosa. Si no te sientes cómodo con el término Dios, utiliza una palabra o concepto que signifique pura divinidad y consciencia para ti.

Antes de salir de los fuegos blancos, establece la intención de ir al reino no ordinario donde el antepasado al que estás abierto o con el que eliges conectar se encuentra actualmente o está dispuesto a encontrarse contigo. Sal del sagrado corazón y tómate un momento para sintonizar con el reino no ordinario en el que te encuentras. Permite que una luz de amor brille desde el centro de tu pecho y úsala para comunicarte con tu ancestro. Una vez más, vuelve a centrarte suavemente en el antepasado con el que te gustaría conectar, ya sea un ancestro consanguíneo específico, cualquier antepasado consanguíneo, la familia extensa, una conexión cultural o vocacional o un antepasado asociado con una región concreta del mundo con la que te sientas intuitivamente conectado. Haz saber al ancestro las razones por las que te gustaría conectar con él.

Si aparece un antepasado y consideras que está alineado contigo, pídele que comparta todos o alguno de los siguientes aspectos:

- Sus historias contigo.
- Qué es lo que los conecta a ambos.
- Cuáles son los mensajes que tiene para ti.
- Si tiene algo que compartir contigo o enseñarte.
- Si hay algo que necesite de ti.
- Si le gustaría recibir sanación tuya o experimentar sanación contigo.
- Si te ayudaría a conectar con un don o medicina del reino no ordinario donde se te aparece.
- Que te guíe y enseñe sobre ese reino no ordinario.
- Cualquier otra cosa que quisieras preguntarle.

Por favor, dale la oportunidad de compartir lo que quiera y, con cariño, escúchale y dale su espacio. Hazle una ofrenda en agradecimiento por compartir su sabiduría contigo. Esto podría incluir un cristal, cacao, una pluma de color brillante, maíz, flores; lo que intuitivamente sientas que es apropiado. Considera un regalo que sea alto en energía del alma para continuar fortaleciendo la energía del alma de tus antepasados. Casi cualquier cosa que crezca con la ayuda del sol o que se cargue con el astro suele ser una fuerte de este tipo de energía. Además, se creía que las aves con plumas de colores brillantes, como los colibríes, los loros, los guacamayos, el quetzal, el cotinga y los tucanes, destellaban como el fuego a la luz del sol y desprendían energía del alma[83].

Si no estás seguro de que haya aparecido un antepasado, arroja esta incertidumbre a los fuegos violetas y, por favor, mantente abierto, humilde y agradecido por su ayuda, guía e intervención. Ten en cuenta que a menudo nuestros dones clarividentes (visión psíquica) pueden necesitar ser cultivados un poco o mucho más hasta que los veamos en el ojo de nuestra mente. También pueden venir a través de otros dones intuitivos desarrollados, como la claricognición (conocimiento psíquico), la clariaudiencia (audición psíquica), la clarisentencia (sensación psíquica), la clarialiencia (olfato psíquico) y la clarigustancia (degustación psíquica), así que, de nuevo, por favor mantente abierto, humilde y agradecido y continuarás abriendo las puertas de la percepción con frecuencias emocionales más altas de fe y confianza. Hay numerosas formas de desarrollar estos dones y una manera muy sencilla y práctica de desarrollar cada don psíquico es ejercitar nuestra imaginación centrándonos en cada sexto sentido. Si podemos imaginarlo, entonces existe en alguna realidad o dimensión; es solo cuestión de afinar con qué realidad o dimensión eliges sintonizar. Si te sientes alineado con ellos, asume que están contigo, hazles alguna o todas las preguntas anteriores y utiliza la luz del amor de tu corazón para comunicarte con ellos.

Antes de abandonar este reino no ordinario, dales las gracias por seguir guiándote a medida que pasen los días, las semanas y los meses. A continuación, imagínate renaciendo primero en los sagrados fuegos blancos de la purificación y la resurrección, y después en los fuegos violetas, mientras ves a los ángeles de los fuegos violetas que te felicitan por ser vulnerable, valiente y audaz y por soltar lo que ya no te servía. A continuación, haz seis respiraciones profundas, inhala por la nariz y exhala por la boca. Frótate suavemente los muslos con las manos para volver a estar plenamente presente y enraizado.

Después del viaje, considera la posibilidad de crear un altar ancestral, aunque se trate de una pequeña mesa, un espacio o altar que se renueve poco o mucho. Hablaremos de la creación de altares ancestrales en el segundo capítulo.

RITOS PARA REFORZAR LOS VÍNCULOS ANCESTRALES TRAS UNA CONEXIÓN INICIAL O TEMPRANA

Es común sentir una conexión más fuerte con ciertos antepasados o descubrir otros antepasados en distintos momentos de nuestras vidas. Seamos o no plenamente conscientes de ello, muchos de nosotros estamos constantemente en proceso de descubrir lo que amamos, lo que nos hace felices y de definir y redefinir nuestras identidades, por lo que no es sorprendente que resonemos con determinados antepasados en distintos momentos de nuestras vidas. También es una hermosa práctica sintonizar de vez en cuando y ver si un antepasado adicional se ha presentado para conectar, sanar y crecer con nosotros.

Por supuesto, cubriremos numerosas formas de continuar desarrollando nuestras conexiones con nuestros ancestros y estos ritos sugeridos serán para las primeras etapas de nuestra relación con ellos. Recuerda que estos ritos pueden ser para un antepasado específico con el que te gustaría trabajar o puedes permanecer abierto en cuanto al antepasado y, en este espacio fluido, considerar si estás llamado a conectar con un pariente consanguíneo, alguien de la familia extensa, una conexión cultural o vocacional o un antepasado asociado con una región particular del mundo con la que te sientas intuitivamente conectado.

El regalo

Coloca una representación del regalo que les ofreciste en tu viaje de trance o un regalo que intuitivamente hayas querido darles. Tómate un momento para respirar profundamente y establecer la intención de permitir que una luz de amor brille desde tu corazón. A través de esta luz de amor, ofrécele a tu antepasado este regalo y colócalo junto a tu cama, en tu altar (puede ser cualquier altar, incluido un altar ancestral) o en algún lugar especial.

Si no estás seguro de qué tipo de representación deberías utilizar, de nuevo considera ofrecer algo que contenga un alto grado de energía del alma. Nuestros antepasados son energía del alma y, a través de este regalo, tu ancestro tendrá una forma más fácil de acceder a ti en este plano tridimensional*.

Colocación de su imagen
o de algo que los represente

Habrá ocasiones en que tengamos imágenes de nuestros antepasados y también habrá otras ocasiones en que, por razones diferentes, no tengamos acceso a ellas; entonces, por favor sintoniza con algo que sientas que los representa. Deja esta imagen o algo que los represente al lado de tu cama, en tu altar (puede ser cualquier altar, incluyendo uno ancestral) o en algún lugar especial. Esto puede incluir tener una foto de una tierra o lugar sagrado, una imagen de un periodo concreto que asocies con ellos o un lugar imaginario que asocies con ellos. Por favor, no presiones ni precipites esta conexión; deja que fluya con la facilidad y la gracia ideales.

Cuando empecé a establecer conexiones ancestrales con la curandera María Sabina (1894–1985), quien trabajaba en la tradición mazateca de sanación, adivinación y recuperación del alma con hongos psilocibios, leí *María Sabina: Selections* y vi todos los videos que pude encontrar sobre ella. En un viaje, ella me recitaba uno de sus poemas en tono melódico. Poco después adapté uno de sus poemas en una canción medicinal y empecé a cantarla en nuestras ceremonias de baños de sonido. Después de honrarla con mis oraciones, canciones, gratitud y copal, vino a mí y me dijo que éramos familia y que entendíamos cómo trabajar y sanar con los santos, los hongos. Supe entonces que se había convertido en uno de mis ancestros culturales honorarios.

Un par de semanas después, uno de mis clientes me regaló un precioso retrato pintado de María Sabina. Siento que ella sabía que, a pesar de nuestra creciente conexión, yo todavía era demasiado tímida para incluir su imagen en mi altar ancestral e identificarla como uno de mis ancestros culturales. Este cliente me contó que encontró el retrato en una pequeña tienda de Tulum, México, escondido en el suelo. El retrato le llamó y supo que era para mí. Se me saltan las lágrimas al escribir esto porque la duda, la timidez y los sentimientos de indignidad nos ocurren a muchos de

---

*Los objetos que suelen tener una fuerte energía del alma se enumeran en el ejercicio de la página 43.

nosotros. Pero, gracias a Dios, nuestros antepasados también encuentran la manera de reforzar su conexión con nosotros.

Cuando recibí el retrato, inmediatamente coloqué a María Sabina en el centro de mi altar ancestral con hermosos hongos de madera, que también me habían regalado, frente a ella. Entiendo que María Sabina fue quien me enseñó a abrirme a los antepasados que se extendían más allá de mi línea de sangre. Me siento increíblemente agradecida y humilde por sus enseñanzas.

Una vez más, no puedo insistir lo suficiente en la importancia de ser pacientes con el desarrollo de nuestras conexiones ancestrales. A menudo establecer estas conexiones puede ser sanador para nosotros, lo que suele ser un proceso en sí mismo. Dejemos que suceda con la facilidad y la gracia ideales.

Escritura de una carta de amor

Permítete entrar en un estado meditativo o de trance relajado con la respiración —inhalaciones y exhalaciones profundas— o simplemente establece la intención de entrar en este estado. Escribe una carta de amor a tu antepasado y, si esto resuena en ti, explícale lo siguiente en la carta:

- ¿Por qué te encantaría que un antepasado te guiara, ayudara e interviniera a tu favor?
- ¿Cómo te gustaría que se comunicara contigo?
- Un mensaje que sientas que él te ha dado.
- ¿Por qué percibes una conexión con él?
- ¿Qué te gustaría aprender de él?
- ¿Cómo te gustaría que él te enseñara?
- Cualquier otra cosa que sientas que es necesaria o relevante.

Junto a la carta, deja un frasco abierto de tu aceite esencial favorito, flores aromáticas o un difusor de aceite en funcionamiento. En lugar de comer alimentos reales, muchos mayas yucatecos contemporáneos reconocen que el aliento, el viento y las fragancias de olor dulce no solo son el alimento de los antepasados y los espíritus, sino que también constituyen su naturaleza espiritual. Estas fragancias dulces atraerán a tu antepasado a tu carta de amor. Por favor, considera dejar esta carta de amor en tu altar, junto a tu cama o en algún otro lugar que sea especial para ti.

Compartir comida y bebida

Lleva la foto o algo que represente a tu antepasado a la mesa del comedor. Invítale a venir a comer contigo y, posiblemente, con tu familia para prepararle un plato y un vaso de lo que vayas a tomar. Un bonito detalle es abanicar el olor de la comida o bebida con una pluma de ave o un abanico de plumas como ofrenda y pedir que la pluma o plumas lleven el aroma a los reinos no ordinarios. Una vez que les hayas dado espacio y tiempo para llegar, idealmente antes de que la comida se enfríe, toma tu primer bocado y luego comienza a compartir cualquier cosa que consideres importante para fortalecer tu conexión con tu ancestro. Una vez terminada la conversación, dependiendo de la comida, colócala en una compostadora o entiérrala. Yo también dejo un vaso de agua en mi altar ancestral y lo cambio semanalmente.

Por favor, ten en cuenta que se cree que esta comida y bebida compartida adquiere la energía del alma de nuestro antepasado. Es tradición que nuestros antepasados se conviertan también en parte de nuestro rico suelo que nutre nuestras verduras, frutas, hierbas y jardines en general. Es un reciclaje, renacimiento y renovación de la energía sagrada del alma ancestral. Exploraremos mucho más sobre este reciclaje, renacimiento y renovación de la energía del alma en los capítulos 4 y 5.

Hacer ofrendas diarias
o semanales de copal, resina o incienso

Haz que las ofrendas diarias, semanales o mensuales formen parte de una rutina normal. Yo hago ofrendas como parte de mi semana laboral, antes de salir a correr por la mañana. Si lo incorporas a tus rutinas, te resultará más fácil recordar hacerlo con regularidad. Encender una tableta de carbón para colocar copal u otras resinas o encender una varilla de incienso solo lleva un par de minutos. Lo difícil es recordar hacerlo. Cuando se hace una ofrenda de copal, se coloca la tableta de carbón en un brasero, una urna de acero, un *popoxcomitl* (copalero) o incensario esmaltado. A mis antepasados les encanta el copal, así que eso es lo que utilizo. Empieza con un aroma que te guste. Normalmente a tus antepasados también les encantará.

CAPÍTULO 2

Invocaciones para acoger a los antepasados en nuestra vida

La primera vez en mi vida en que, por fin, me sentí verdaderamente unida a mi padre fue cuando creé un altar frente a mi casa para él, cuando conmemoraba el Día de los Muertos. Yo estaba en mis treintas. Durante toda mi vida, hablar de mi padre había sido un tabú. Yo apenas tenía dos años cuando le dispararon, así que por alguna razón se pensaba que, a esa edad, no podía haberme traumatizado la pérdida de un padre bueno y cariñoso. Lo poco que me contaron de él fue que era un hombre muy generoso, cariñoso y atento. Él quería que le llamara por su nombre de pila, para que pensara en él principalmente como un amigo.

Al parecer mi papá tenía una relación conflictiva con su propio padre y no quería repetir este ciclo conmigo, por lo que esperaba que fuéramos buenos amigos. Yo sabía que su muerte había sido muy dolorosa para mi madre, así que nunca me sentí en confianza para preguntarle por él. Lamentablemente, el hombre con quien mi madre volvió a casarse aprovechaba cualquier oportunidad para hablar mal de mi difunto padre y esta se convirtió en otra razón para mantenerme callada. Lloré la muerte de mi padre en silencio durante la mayor parte de mi vida temprana. Cuando llegué a la adultez inicié un profundo proceso de sanación y creé espacios para reivindicar abiertamente mi cultura y a mi padre. Era la primera vez que celebraba el Día de los Muertos y decidí hacerlo por todo lo alto. En lugar de las decoraciones de Halloween que adornaban la fachada de los patios de mis vecinos, creé un gran altar de varios niveles para mi padre y lo coloqué en mi patio delantero. Antes de eso, pasé muchos fines de semana pintando y decorando a mano marcos de cuadros para mi padre, además de otras artesanías hermosas y coloridas relacionadas con el tema que se dejan para nuestros familiares en estos altares. Mi madre me ayudó un domingo cuando le dije que eso era lo que iba a hacer y que podía unirse. Lo hizo y, por primera vez en mi vida, me sentí segura al preguntar por él en el contexto de lo que ella pensaba que le gustaría para su altar. Durante los tres días que dura la celebración del Día de los Muertos cociné las comidas favoritas de mi padre y las coloqué, junto con sus bebidas preferidas y cientos de caléndulas, en su altar. La fachada de mi casa y el césped también tenían esqueletos danzantes que invitaban a mi padre a celebrar, comer, beber y bailar. Con estas ofrendas creé y recuperé un espacio para empezar a reconectar de verdad con él y, finalmente, darle la bienvenida a mi vida. Muchos años después se convirtió en uno de mis queridos ancestros.

Al crear nuestros propios altares podemos reflexionar sobre las ofrendas que los antiguos mesoamericanos dejaban para sus antepasados en sus altares: sitios funerarios, santuarios públicos y privados y mesas. Aunque estas ofrendas tenían múltiples significados y propósitos, les ayudaban a garantizar una fuerte conexión con sus antepasados. Las ofrendas proporcionaban consuelo, ayuda, alimento y guía a sus antepasados, para que pudieran navegar con éxito por los mundos de la vida después de la muerte. Podían procurar la continuación, el renacimiento y la renovación de la energía del alma de un antepasado transformándola en otra forma, lugar o función. Además, eran un medio por el que los antepasados y los vivos podían comunicarse y conectar entre sí. Estas ofrendas podían invocar con éxito la ayuda, la guía, la legitimación y la intervención de los ancestros. Aunque trataré estos aspectos por separado, normalmente se entremezclan en propósito y significado.

En este capítulo exploraré las ofrendas sagradas que los antiguos mesoamericanos realizaban para venerar y fortalecer sus conexiones con sus antepasados, usando este conocimiento para dar forma a la creación de nuestros altares ancestrales: dónde colocarlos en nuestros hogares y cómo limpiar y purificar nuestros espacios y altares. También explicaré cómo cuidar y avivar los objetos sagrados que colocamos en nuestros altares ancestrales con las energías sagradas del alma de nuestros antepasados. Compartiré cómo la creación de los altares ancestrales de una de mis clientes no solo fortaleció la conexión con sus ancestros, sino también cómo el hecho de llevar objetos sagrados de su altar ancestral a su lugar de trabajo resultó en un espacio laboral más tranquilo.

OFRENDAS QUE PROPORCIONABAN
COMODIDAD Y PRESTIGIO

A menudo se representaba a los antepasados en cartuchos de cuatro lóbulos (como el trébol) que materializaban los portales entre los mundos humano y ancestral, y trasmitían la idea de que los antepasados habitaban un reino paralelo al mundo humano[1]. Los diversos tipos de objetos que se dejaban en los sitios funerarios —joyas, ropa, vasijas de cerámica, conchas, piedras preciosas, comida, copal, estatuillas y mucho más— eran ofrendas a las que los antepasados podían acceder y utilizar para garantizar su comodidad en los reinos no ordinarios del más allá.

Los entierros teotihuacanos de diversas clases iban acompañados de vasijas de cerámica, incensarios, mica, pizarra, obsidiana y conchas, y, por supuesto, cuanto más acaudalado era el antepasado, más objetos se ofrecían para proporcionarle confort en los reinos no ordinarios del más allá[2]. Las prácticas funerarias ancestrales de Teotihuacán llegaron más allá de su gran ciudad-estado. Estas prácticas teotihuacanas consistían en dejar una gran cantidad de artefactos de obsidiana verde en la tumba del antepasado y su forma cilíndrica, colocada sobre su eje central, se han encontrado en los enterramientos de Copán de V-6 y XXXVII-8[3]. El Templo de la Escalera Jeroglífica de Copán también estaba decorado de forma elaborada con símbolos teotihuacanos que, junto con el templo de la cima y la tumba, conformaban un santuario ancestral conjunto para el gobernante muerto K'ahk' Uti' K'awill (628–695 d.C.) [4].

En las tumbas del barrio Oaxaca de Teotihuacán se encontraron restos que habían sido reabiertos, a veces con pigmentos rojos que, probablemente, también volvían a aplicarse sobre los restos humanos. El color rojo simboliza o está relacionado con la veneración de sus antepasados sepultados. La práctica de colocar pigmento rojo sobre los restos de los antepasados fue también una tendencia utilizada por muchos miembros de la élite maya del periodo Clásico y puede haber sido también una forma de significar y facilitar su renacimiento[5].

Las tumbas reales mayas estaban diseñadas para incluir todo lo que el antepasado necesitaría para vivir cómodamente en la otra vida y realizar el arduo viaje hacia el inframundo[6].

En el Templo XIII de Palenque hay un sarcófago con los restos de un antepasado femenino de unos cuarenta años, del siglo XVII, conocido como la Reina Roja. Su cuerpo estaba acompañado de una impresionante máscara de mosaico de jadeíta y numerosas piedras preciosas verdes, incluyendo brazaletes y una diadema. Sus restos estaban cubiertos de cinabrio —óxido de mercurio rojo en polvo—, una práctica habitual en los enterramientos de la élite en Palenque[7]. En la tumba Margarita de Copán yace la antepasada más opulenta, copiosamente cubierta de pigmentos rojos, hematita y cinabrio[8]. El antepasado del Entierro 9 del yacimiento maya de El Zotz estaba cubierto por una capa de hematita y otra de cinabrio rojo[9]. Las fabulosas riquezas dejadas en estos entierros reales aseguraban su prestigio y distinción continuos en los reinos no ordinarios de ultratumba, donde el antepasado podía seguir disfrutando de estos bienes.

Los muertos de la élite solían ser enterrados con hermosas cerámicas policromadas, muebles funerarios, ornamentos de piedra, conchas y huesos tallados y elaboradas joyas de jade, entre otros muchos adornos. Las vasijas de cerámica probablemente se proporcionaban para asegurarse de que tuvieran vajilla para comer y beber en la otra vida y, posiblemente, también para liberar las energías de las intenciones mágicas dentro de vasijas selladas y en proceso de fermentación. Los antepasados menos acaudalados solían ser sepultados con una o dos vasijas[10]. El tamaño y la forma de las vasijas de cerámica variaban, así como los tipos: cuencos, copas y vasijas con pico, que probablemente marcaban el estatus del individuo. El nombre del propietario de las vasijas también se indicaba a menudo en ellas, junto con escenas de su posible apoteosis solar[11].

Fragmentos de vasijas rotas también se encuentran con frecuencia en los sitios funerarios[12]. Los patrones inusuales de residuos en los entierros del Templo del Sol en El Zotz sugieren que las vasijas contenían originalmente algún tipo de líquido que se expandía o desprendía gases; tal vez la bebida de savia fermentada conocida como pulque. El "tapón" de la vasija impedía la salida de los gases de la bebida en fermentación. Con el tiempo, la presión atrapada probablemente hizo que el fondo reventara y se hiciera añicos[13]. Curiosamente Don Fernando, uno de mis mentores mayas, me enseñó una receta mágica relacionada que implicaba una petición envuelta alrededor de una rama de canela con fruta y ron dentro de una vasija de cerámica con una tapa hermética.

La petición era un trozo de papel de pergamino que tenía escrita una intención. Me informó que el recipiente contenía los espíritus de la magia y que no debía abrirlo. Me dijo que así la magia se fermentaría y todo se alinearía. Recuerdo que cuando fui a Actun Tunichil Muknal (la Cueva del Sepulcro de Piedra) y vi los fragmentos de cerámica rotos, pensé en esta receta mágica que me enseñó mi mentor. Sentí intuitivamente que la magia dibujada en esos recipientes y dentro de ellos había fermentado y se había liberado.

Los antepasados también eran enterrados o incinerados con sus ropas. A los gobernantes mexicas, por ejemplo, se les vestía con quince ropajes diferentes y se adornaban sus cuerpos con joyas. Se les colocaba una cuenta de jade en el labio inferior para funcionar como un corazón. Se les ocultaba el rostro bajo una máscara y se les ataviaba con la insignia del dios del templo donde se depositarían sus cenizas. Algunas de las joyas que se les ofrecían eran bezotes de oro, narigueras, pendientes, diademas, coronas, brazaletes y collares[14]. También se les ofrecía a estos estimados antepasados una gran cantidad de mantos, pecheras, sandalias, plumas de colores, cacao, piedras preciosas y abanicos de plumas[15]. Incluso se les proporcionaba una generosa ración de diferentes alimentos[16].

Aunque las ofrendas que se hacía a los antepasados que no pertenecían a la élite no eran tan extensas, en sus sepulturas se dejaban sus mejores mantos, taparrabos, mortajas, mantas, vasijas de cerámica, papel, pulque y piedras finas[17]. Para que no murieran de hambre, se les proporcionaban calabazas, carne guisada, pan, maíz, frijol, chía y otras legumbres[18]. Cuando se trataba de un antepasado más opulento, se llamaba a los funcionarios de los servicios funerarios, quienes cortaban pedazos de un papel hecho de corteza de árbol (amatl) y cubrían con ellos el cuerpo del difunto. A continuación vestían el cadáver según las circunstancias de su muerte. Si el difunto había sido soldado, lo vestían como Huitzilopochtli. En otros casos, los antepasados eran quemados con una efigie de madera de pino resinosa, completamente vestida con sus ropas[19].

También se ofrecía a los antepasados las herramientas de su oficio. En el caso de los antepasados más opulentos, sus cuerpos y objetos sagrados de consuelo y transformación se colocaban en el fuego.

Figura 2.1. Muestra a un antepasado atado y probablemente preparado para una ceremonia de cremación, así como las diversas ofrendas —alimentos, joyas, ropas, espejos, mantas y cerámicas— que se incluirían en esta ceremonia. La inclusión de estos objetos sagrados en la cremación garantizaba que el antepasado los recibiría y le asegurarían comodidad y bienestar en la otra vida.
Cortesía de Ancient Americas at LACMA. Códice Magliabechiano, lámina 69r.

El fuego consumía, purificaba y transformaba al antepasado falle-cido y sus objetos sagrados y le permitía llevarse consigo cosas que le ayu-darían y le proporcionarían comodidad en la otra vida. Cuando morían, estos objetos les esperaban. Los antepasados utilizaban estas ofrendas para fortalecerse y recibir las instrucciones necesarias para completar el viaje al más allá. El fuego también servía como conducto de poder y comunicación entre los vivos y sus antepasados. Las ofrendas, regalos, lágrimas y oraciones se transmitían inmediatamente al antepasado a tra-vés del fuego[20].

Los cadáveres que se enterraban, en lugar de incinerarse, se depo-sitaban en fosas profundas donde a menudo se colocaba al cadáver en una silla baja con los utensilios de su oficio o cargo[21].

A los antepasados que habían sido comerciantes también se les proporcionaban artículos de su oficio, como pieles de jaguar y venado, joyas, mantas, piedras preciosas, objetos de oro, vasijas de cerámica y ricos plumajes[22]. El Códice Magliabechiano, en su lámina 68r, muestra el entierro de un comerciante con ricas ofrendas, como si tuviera que desempeñar su oficio de comerciante en la otra vida[23]. A los antepasados que habían servido en el ejército se les ofrecían objetos como puntas lanceoladas de pedernal y pieles de animales[24]. En una excavación de un entierro múltiple en San Andrés Cholula, los antepasados cuyo oficio era probablemente tejer fueron enterrados junto a sus espirales, utensilios de costura y tejidos en capas[25].

Algunos objetos proporcionaban comodidad para un lugar específico en la otra vida. Las mantas eran necesarias para protegerlos de las bajas temperaturas de los reinos del inframundo[26]. También se sepultaba o incineraba un cachorro rojo con el antepasado, pues se creía

Figura 2.2. Muestra las diversas ofrendas —alimentos, joyas, ropa, espejos, mantas y cerámica— que se hacían específicamente a un antepasado comerciante. Estos objetos no solo garantizaban su comodidad y bienestar, sino también le permitían continuar con su oficio de mercader en la otra vida.
(Véase también la lámina en color 1).
Cortesía de Ancient Americas at LACMA. Códice Magliabechiano, lámina 68r.

que le ayudaba a cruzar el río Chiconahuapan y lo guiaba en la travesía del inframundo[27].

También colocaban un recipiente con agua cerca de los restos del antepasado para saciar su sed, además de trozos de papel *amatl* para navegar y atravesar con seguridad la tierra de los muertos[28]. Decían que el agua les servía en la otra vida[29].

Objetos sagrados que procuraban el viaje, continuación, renovación y renacimiento de las energías ancestrales del alma

También había ciertos objetos sagrados que se creía que facilitaban la continuación, la renovación y el renacimiento de las energías del alma del antepasado. La vinculación del jade con temas como la centralidad, el gobierno, el aliento y la energía del alma lo convirtieron en un componente clave de los ritos funerarios mayas[30]. Bartolomé de las Casas, misionero y etnohistoriador del siglo XVI, señala que en la boca de un antepasado moribundo se colocaba una piedra preciosa para atrapar su alma cuando abandonaba el cuerpo. Probablemente jade o jadeíta, en el caso de los antepasados más opulentos, y otro tipo de piedra verde para los menos pudientes. La piedra se frotaba primero sobre su rostro al morir. A continuación se curaba la piedra, se la estimaba y se le ofrecían sacrificios como si fuera el antepasado, al igual que se trataba a las efigies del antepasado que contenían sus cenizas[31].

Se colocaban conchas, piedras verdes y accesorios de deidades —cintas para la cabeza, máscaras, cinturones, collares, brazaletes, pulseras, tapones para las orejas y tobilleras— a los antepasados, tanto si estaban enterrados como si eran incinerados. Además de marcar su estatus en la otra vida, probablemente también contenían aspectos de la energía del alma del antepasado y ayudaban a fortalecerla para sus viajes hacia la otra vida y, en el caso de los antepasados reales, ayudaban a facilitar su apoteosis. Pakal II y la Reina Roja de Palenque, por ejemplo, fueron sepultados con una diadema de piedra verde incrustada en la frente, así como con grandes máscaras de mosaico de piedra verde sobre el rostro, máscaras más pequeñas de mosaico de jade y hachas de piedra en la cintura. Los gobernantes se ponían bandas en la cabeza en los rituales de sucesión[32]. Cuando los gobernantes mayas llevaban la deidad principal del pájaro, Ux Yop Huun, sobre la cabeza, se comparaban con el árbol del mundo como *axis mundi*.

La colocación de estas diademas en la cabeza de los antepasados reales probablemente marcaba su importancia y facilitaba su acceso continuado a los reinos de los vivos y los no ordinarios[33].

Conchas de moluscos *Spondylus*, tanto del Atlántico como del Pacífico, también se han encontrado en entierros mayas como contenedores de objetos preciosos, elementos que tintineaban y cinturones que se colocaban sobre las cabezas y los cuerpos del antepasado[34].

Estelas mayas (losas de piedra) se colocaban delante de centros ceremoniales y edificios políticos y se tallaban con inscripciones jeroglíficas que acompañaban retratos históricos (para reflejar el surgimiento de una nueva ideología política y realeza dinástica). A veces se enterraban con los antepasados reales. Estas estelas también funcionaban como avatares que contenían una parte de la energía del alma del gobernante representado[35]. En Tikal, la Estela 31 fue enterrada en el Templo 33. Las continuas ofrendas y ceremonias de fuego que allí se realizaban sugieren que muy probablemente estaban dirigidas al gobernante Sihyaj Chan K'awiil, que estaba presente y encarnado en la Estela 31 y a sus restos corporales, ambos enterrados en el templo[36]. Las estelas también se profanaban deliberadamente en la guerra, con lo que reclamaban un aspecto de la energía del alma del gobernante antepasado perdedor y de su ciudad-estado[37]. La quema de tumbas probablemente operaba para renovar la energía del alma del propio espacio mortuorio y quizás incluso facilitaba la ascensión solar y el renacimiento del gobernante[38].

Los etnohistoriadores del siglo XVI que escribieron sobre las prácticas de los indígenas del centro de México indicaron que en la boca del antepasado se colocaba una piedra verde (un *chalchíhuitl*) que representaba la energía del alma (*teyolía*) y que servía como su corazón en la otra vida. Si eran menos acaudalados, solo se utilizaban piedras verdosas u obsidiana. Se creía que los difuntos pasaban por un largo y peligroso viaje en el inframundo que incluía diferentes pruebas y tribulaciones. Una de ellas consistía en que un feroz jaguar estaba dispuesto a comerse su corazón, pero esto podía evitarse colocando una cuenta de jade en la boca del difunto en su funeral, que luego podía ofrecerse al jaguar en lugar del corazón[39].

Fray Jerónimo de Mendieta, etnohistoriador del siglo XVI, también indica que muchos de los objetos que proporcionaban comodidad al antepasado en su vida de ultratumba también ayudaban a la energía del alma (*teyolía*) a alcanzar su destino[40]. También enterraban a los antepasados con efigies de patos de Colima, que podían actuar como guardianes espirituales con implicaciones de fertilidad y renacimiento[41].

Conexión con los ancestros: altares especiales y santuarios en miniatura

Los altares creados en los sitios funerarios y las ofrendas sagradas, tales como cenáculos, instrumentos de autosacrificio, espejos y dinteles, tenían un propósito multifacético, ya que actuaban como portales para que el antepasado entrara en los reinos de los vivos, a la vez que eran sustento para ellos e invocaban su presencia, ayuda e intervención. En Teotihuacán los altares ancestrales se colocaban cerca de los sepulcros situados en los patios centrales domésticos, para honrar a los antepasados y mantenerlos cerca de sus hogares y familias[42]. Los altares o altares de mesa se colocaban a menudo cerca de las tumbas mayas reales y domésticas. En los entornos domésticos se situaban cerca o encima de los patios u hogares comunitarios[43]. Cerca de los grupos residenciales de Copán se encontraron pequeñas casas de piedra o altares de linaje[44]. En el caso de los linajes K'iché' de las tierras altas mayas del periodo Postclásico, estos altares se conocían como *warabal ja* o casas para dormir de los antepasados[45]. Es probable que estos altares fueran lugares donde se invocaba a los antepasados con ofrendas para garantizar su conexión continua con los vivos.

Para los mayas yucatecos del Postclásico, los santuarios ancestrales en miniatura eran estructuras diminutas (de menos de dos metros cuadrados en cada dimensión), demasiado pequeñas para acomodar a una persona de la estatura más modesta. Por lo general, estas eran construcciones de una sola habitación con una sola entrada, hechas de mampostería y mortero, cubiertas con una gruesa capa de estuco de piedra caliza. Solían tener varios altares de piedra colocados delante y a los lados de las entradas de los santuarios y dispuestos en la base de las escaleras[46]. Eran espacios donde se honraba e invocaba a los antepasados.

Los incensarios también eran habituales en los sitios funerarios. La quema de ofrendas era uno de los principales vehículos para despertar, alimentar, convocar, comunicarse y renovar la energía del alma de estos entierros y transmitir la ofrenda al antepasado[47]. Los elaborados incensarios de Teotihuacán representan un culto funerario centrado en el alma mariposa que se libera con la cremación. La Ciudadela, centro simbólico del mundo teotihuacano, contiene el mayor conjunto conocido de incensarios cerámicos. En la parte noroeste se encuentran aproximadamente veinte mil fragmentos y ejemplos completos[48].

También se han recuperado abundantes incensarios en Palenque, incluso en la tapa del sarcófago de la Reina Roja, cuando se abrió esta tumba[49]. Los incensarios elaborados en toda la antigua Mesoamérica incluyen piezas de cerámica bellamente trabajadas con retratos de antepasados y ancestros combinados con deidades, posiblemente lo que posiblemente señalaba su deificación.

Los instrumentos de autosacrificio también eran habituales en los sepulcros de la élite o la realeza. La sangría, la ingestión de tabaco, el consumo de *balché* (una bebida embriagadora), la quema de copal y las peticiones eran formas de comunicarse con los antepasados e invocarlos[50]. La élite maya extraía sangre de diversas partes del cuerpo con lancetas hechas de espina de raya, sílex, hueso, cuerda y obsidiana. El dintel 24 de Yaxchilán representa a la dama K'abal-Xok, esposa del gobernante Escudo Jaguar II, mientras realiza un autosacrificio con una cuerda de espinas que le atraviesa la lengua. La energía animadora del alma de su sangre facilita una comunicación ritual con los vivos y los antepasados, una forma altamente ritualizada de veneración ancestral[51]. El dintel 25 los representa en comunión con el antepasado de su linaje que surge de una serpiente ciempiés antropomorfa. Las serpientes, los ciempiés y los dragones barbudos se representaban a menudo como conductos para invocar a los antepasados y a otros seres sobrenaturales[52]. En el lado este de la Estela C de Copán, la barra de serpiente que porta el gobernante tiene seres ancestrales que brotan de ella, ataviados con tocados ornamentados y apilados[53]. Las espinas de raya también eran un elemento común en el arte maya clásico. En las tumbas se encontraron espinas de raya reales y réplicas en jade y otros materiales, que a menudo se colocaban en la zona pélvica de los hombres[54].

Las caracolas adultas se utilizaban como trompetas en diversos tipos de ceremonias y solían llevar grabado el nombre del usuario o del antepasado al que se invocaba. Los mayas las utilizaban para comunicarse con seres sobrenaturales y antepasados durante los ritos de sangría[55].

Los moluscos *Spondylus* también se proporcionaban en sitios funerarios, probablemente como medio de comunicación ritual ancestral y conexión con las aguas primordiales del inframundo[56]. Los gobernantes mayas a menudo eran representados con collares de *Spondylus,* lo que probablemente demostraba sus habilidades para acceder a los reinos no ordinarios de sus antepasados y otros seres sobrenaturales[57].

Los espejos de pirita pulida, hematita y obsidiana también se colocaban delante o cerca de los antepasados y actuaban como portales para comunicarse con ellos[58]. Entre los objetos sagrados hallados en el Entierro 5 de Piedras Negras se encontró un espejo de hematita colocado en ángulo para reflejar la imagen del gobernante[59]. Las serpientes suelen aparecer en las esquinas de los espejos para representar la llegada de los antepasados de la otra vida[60]. En los murales internos de Chichén Itzá, el Registro E representa cartuchos de antepasados como espejos y como el sol, con sus antepasados que emergen del centro de los espejos-sol[61].

Las sensacionales obras de arte que se encuentran en los templos funerarios reales y de élite también proporcionaban espacios privados y públicos para que los vivos estuvieran en comunión con sus antepasados. Algunos grabados, como los de la parte posterior de los monumentos o los de las cimas de los monumentos altos, normalmente inaccesibles para los vivos, se hicieron para que los antepasados vinieran al reino de los vivos y los admiraran[62].

Los impresionantes grabados de la tumba de Pakal manifiestan la veneración ancestral, el renacimiento y la apoteosis de la energía del alma del gobernante ancestral. Las paredes de esta tumba están decoradas con nueve grandes figuras humanas que sostienen un bastón de serpiente coronado por la cabeza de K'awiil, una poderosa y compleja deidad asociada con el rayo, la ascendencia y la fecundidad[63]. Estas figuras humanas son los antepasados de Pakal, reconocibles por sus tocados, tal como se ve en las imágenes laterales del sarcófago[64]. Una segunda serie de antepasados, los mismos que los formados en estuco en las paredes, fueron tallados en los laterales del sarcófago, para representar a los ancestros que emergen como árboles frutales[65].

Las obras de arte de estos sitios funerarios facilitaban además entornos cargados de rituales que permitían una relación entre los vivos y los ancestros. El objeto consagrado que el devoto podía llevar consigo o colocar en el altar del antepasado servía para ampliar sus actuaciones recíprocas y entrar en el mundo del otro. Estas representaciones devocionales pueden incluir la contemplación de la imagen tallada de los antepasados. Se creía que evocar a los antepasados mediante la contemplación devocional, y posiblemente otras ofrendas, conducía a una "contemplación mutua" en la que el antepasado se encarnaba plenamente en la imagen, de manera que los vivos y los antepasados podían verse y contemplarse de verdad; una hierofanía en acción.

La disposición del santuario funerario y los dinteles del gobernante de Tikal Jasaw Chan K'awiil amplificó y activó la representación visual de su conjuro[66]. En su esclarecedor análisis del Templo I de Tikal, la experta en Mesoamérica Elizabeth Drake Olton propone que este santuario funerario era una estructura dinámica que albergaba a un gobernante fallecido y, a través de su entorno espacial, atraía a los vivos. Era un sitio transformador que envolvía al visitante en un conjunto de experiencias. El santuario puede dividirse en tres áreas principales, posiblemente reflejo de los reinos tripartitos no ordinarios. El santuario celestial funcionaba como un lugar santificado de rituales mortuorios y transformación que conectaba a los vivos con los reinos no ordinarios del supramundo. Estaba diseñado para ser público y privado a la vez. Quienes caminaban por el pasillo central y recorrían las habitaciones volvían a entrar conceptualmente en la cámara mortuoria de Jasaw, que fue quien encargó este impresionante santuario funerario[67].

El enorme santuario, con sus espaciosas puertas 2 y 3, atrajo a los participantes por el impacto emocional de la experiencia visual de los dinteles 2 y 3, que tienen retratos dobles del antiguo gobernante. El dintel 2 está sobre la segunda puerta, donde Jasaw mira hacia el oeste, la dirección simbólica de la muerte. Su mirada se habría encontrado con la de los comulgantes que entraban en su santuario, y les guiaba hacia el texto escrito que denota su nombre. Está ataviado con ropajes teotihuacanos, pero tiene varios rasgos asociados con la imaginería de los gobernantes mayas: escudo redondeado y cueros y pieles de jaguar[68].

El dintel 3 abarcaba la puerta 3 y estaba sobre el sepulcro 6, el más privilegiado y aislado del santuario —posiblemente con acceso al inframundo. Se le representa como un gobernante maya del periodo Clásico, con un gran collar de cuentas de jade y una pechera de tres piezas. Está sentado sobre una estera, una forma de denotar el acto de acceder al trono, posiblemente un surgimiento o renacimiento de una ascensión celestial[69]. La composición espacial y el entorno del Templo I atraen al comulgante como actor ritual, un espectador ritual activo que a través de esta mirada evoca al antepasado y los pone en comunión[70].

INTEGRACIÓN DE LA SABIDURÍA ANCESTRAL MESOAMERICANA

Creación de altares ancestrales

Cuando creamos un espacio físico para que nuestros ancestros residan en él y lo recorran, la conexión y el vínculo con ellos tiende a aumentar enormemente. Nos inspiraremos en la sabiduría de los antiguos mesoamericanos para crear altares que contengan ofrendas multifacéticas con el propósito de fortalecer nuestras conexiones con ellos, proporcionarles amor y consuelo en la otra vida y cuidar de las energías de sus almas. El altar ancestral puede ser para uno o varios antepasados. Estos altares estacionarios pueden contener artículos que pueden ser móviles, pero el altar en sí es estacionario y típicamente se mantiene así a largo plazo. En el capítulo 3 hablaremos de los altares ancestrales temporales creados para el Día de los Muertos, la festividad de tres días. En el capítulo 5 profundizaremos en los fardos ancestrales que pueden ser móviles y formar parte de un altar. Estos fardos son unas telas o pieles preciosas que cargan y se cargan con los objetos sagrados que podamos llevar en ellos.

Ubicación de un altar ancestral

Una vez que hayas establecido la conexión o conexiones iniciales con tu(s) antepasado(s) (consulta las páginas 40–48), sintoniza con su energía para encontrar un espacio ideal para el altar ancestral en tu casa. Considera hacerte algunas de estas preguntas iniciales para decidir dónde colocar tu altar:

- ¿Qué tipo de conexión compartes con ellos?
- ¿Cómo te sientes después de conectar con ellos?
- ¿Te sientes tranquilo, centrado, motivado o sanado por ellos?

- ¿Hay alguna vocación, oficio o afición que puedas compartir con ellos?
- ¿Percibes una conexión más estrecha con la tierra sagrada, el espacio, la familia o las raíces culturales cuando conectas con ellos?

Luego, considera sintonizar con la energía única de cada habitación de tu casa a través de un recorrido físico o un escaneo mental intuitivo.

Pregúntale a tu antepasado en qué habitación y en qué parte (dentro de esa habitación) le gustaría que estuviera su altar. Tuve una cliente que estaba en el proceso de crear un menú vegano mexicano para su negocio. Su abuela, uno de los antepasados con los que tenía una profunda conexión, era conocida por sus deliciosas recetas. Mi cliente montó dos altares: uno pequeño en la cocina, con artículos que usaría para cocinar y que sabía que estaban bendecidos por su abuela, y otro en su habitación, para que su abuela pudiera seguir inspirándola con recetas veganas mexicanas únicas y sabrosas mientras ella dormía.

Una vez que hayas decidido qué habitación y qué espacio utilizarás para tu altar ancestral, considera también la posibilidad de tomarte un momento para sintonizar con la posible necesidad de retirar los objetos que no encajen en él. El espacio, los muebles y los objetos que se encuentran allí deben sentirse como una coincidencia energética con tus antepasados, de ser posible con una buena vibración energética. Crear un altar en un espacio físico que se sienta energéticamente alineado con tus antepasados asegurará que también puedas ayudarles a ellos a fortalecer sus energías animadoras del alma. Esto también fortalecerá sus habilidades para intervenir a tu nombre, guiarte y ayudarte eficazmente.

Idealmente, los altares ancestrales estacionarios deben crearse en espacios físicos pacíficos y pueden ser de cualquier tamaño. En una ocasión, una cliente me preguntó si era aceptable crear un altar ancestral en su lugar de trabajo. Antes de esto, la había guiado a crear un altar ancestral en su dormitorio. Le encantó y me contó que le daba una sensación inmediata de paz cuando entraba en su casa, especialmente en su habitación. Quería infundir paz en su espacio de trabajo con la ayuda y la intervención de su ancestro. Aunque tenía un bonito despacho cuya puerta podía cerrar si lo necesitaba, su espacio de trabajo era caótico en general.

Le recomendé que alternara entre dos o tres objetos sagrados de su altar ancestral y los llevara al trabajo con ella. Al final de la semana debía llevarlos de vuelta a casa para limpiarlos y cargarlos. De este modo, la esencia del antepasado podía estar físicamente presente con ella en la oficina. Esto la ayudó mucho con su ansiedad y sus dolores de cabeza en el trabajo.

Aunque los altares ancestrales pueden ser de cualquier tamaño, deben tener una estructura sólida, ya que pueden ser lugares de fuertes manifestaciones energéticas. Dependiendo del trabajo que estés haciendo con tu ancestro, los altares pueden temblar ligeramente debido a la energía que viaja a través de ellos. Las mesas de madera antiguas, los cofres o las plataformas en general transmiten una sensación de antigüedad, edad y sabiduría. En definitiva pueden ser un hermoso espacio ancestral. Solo asegúrate de que estos muebles antiguos tengan una base sólida.

Limpieza y purificación inicial

Antes de armar el altar es muy recomendable limpiar y purificar el área ceremonial. Si tu espacio físico es un desorden, la energía de esta realidad física rápidamente truncará el trabajo de limpieza energéticamente. Es importante ordenar y hacer una limpieza básica. Te recomiendo que incluyas agua Florida hecha en casa (ver páginas 119–122) o comprada en una tienda en tus soluciones de limpieza. También sirven las infusiones concentradas de limón o azahar, limoncillo, menta y romero para limpiar y purificar el área o la habitación en la que coloques tu altar ancestral. Para preparar un limpiador de 32 onzas (ajusta según sea necesario):

- Hierve ¼ de taza de té con un puñado de cualquiera de las hierbas o flores.
- Deja que la infusión repose y se enfríe por 8 minutos.
- Mientras esperas a que el té se enfríe, vierte aproximadamente 2/3 de tu solución limpiadora favorita en una botella con rociador.
- Añade el té fresco a la solución limpiadora y mézclalo bien. También puedes combinar la solución limpiadora con agua Florida.

Junto con la limpieza básica, eleva la vibración y ligereza del espacio vital. Aquí te comparto otras cosas que puedes hacer:

- Mueve los muebles: arregla o deshazte de los muebles rotos, asegúrate de que las entradas a las habitaciones estén despejadas y sea fácil caminar por ellas.
- Ordena: regala las pertenencias que no quieras a amigos y personas necesitadas, coloca las cosas en organizadores agradables, tira la basura.
- Luz: asegúrate de que las habitaciones reciban luz natural durante el día.
- Altar ancestral: retira todo lo que haya en el espacio donde vayas a colocar el altar y límpialo con la solución que preparaste.

Después de haber limpiado el espacio para tu altar, límpialo energéticamente con una limpia espacial. Puedes limpiar la habitación en la que estará tu altar ancestral o, idealmente, limpiar toda la casa. Si vas a limpiar toda la casa, abre la puerta principal antes de empezar. Si solo limpias una habitación de la casa, puedes abrir las ventanas de esta habitación durante o después de la limpia.

Puedes limpiar tu espacio al encender un manojo de hierbas (como salvia, romero, hierba de cedro o hierba dulce; todas las hierbas tienen propiedades limpiadoras) y esparcir el humo que desprenden con una pluma, un abanico de plumas o tu aliento, por todas las áreas de la habitación. También puedes hacer una limpia con fuego blanco (ver páginas 38–39).

Puedes considerar colocar cualquiera de los siguientes objetos sagrados para absorber continuamente cualquier energía densa en la habitación:

- Coloca cualquiera de los siguientes cristales en un vaso de agua: punta de flecha de obsidiana, cuarzo verde, amatista, citrino y ágata. Deja el vaso junto a la puerta de la habitación. Vierte el agua en el suelo, donde no crezca nada, y reemplázala mensualmente.
- Llena un poco menos de la mitad de un vaso con arroz blanco y la otra mitad con agua. Deja el vaso junto a la puerta de la habitación. Vierte el contenido en el suelo, donde no crezca nada, y sustitúyelo mensualmente o cuando sea necesario.
- Las plantas son una forma maravillosa de limpiar y reciclar energías de forma natural y continua. Aquí te comparto algunas sugerencias: suculentas, cactus, rosas, plantas araña y hiedra del diablo.

Espacio cósmico

Puede que desees considerar la posibilidad de que tu altar encarne el espacio cósmico, para darle a tu antepasado y a ti el acceso para atravesar los reinos no ordinarios y obtener los dones de estos espacios. Muchos de nosotros seguimos dividiendo nuestros espacios sagrados (espacial o metafóricamente) mediante objetos sagrados para encarnar una forma tripartita, que era una división vertical de los reinos no ordinarios: inframundo, mundo intermedio y supramundo. (Para los dones sagrados de los reinos no ordinarios, véase el capítulo 1. Supramundo: páginas 30–33. mundo intermedio: páginas 33–35. Inframundo: páginas 35–37).

Los reinos cuatripartitas pueden expresarse espacialmente o ser representaciones metafóricas de los espacios cardinales y sus dones cósmicos de energía del alma. Sur: descubrimiento y comprensión. Oeste: muerte, liberación y transformación. Norte: guía ancestral, sabiduría y medicina. Este: nuevos comienzos y renacimiento. Centro: como *axis mundi*.

Podemos organizar nuestro altar espacialmente de modo que la parte más alta del mismo represente el supramundo. El centro del altar será entonces el mundo intermedio, con los espacios cardinales, y la parte más baja del altar será el inframundo. Por favor ten en cuenta que, aunque estos espacios tienen su propia sabiduría y energía, a menudo lo que encarnan puede cruzarse o confundirse entre sí, así que permítete trabajar intuitivamente en esta representación cósmica. Aquí tienes ideas de objetos sagrados que podrían ser representaciones de estos espacios en tus altares:

OBJETOS SAGRADOS TRIPARTITAS

REINO	ELEMENTOS
Supramundo	Flores favoritas, objetos que recuerden a seres celestiales o angelicales, fotos de tus antepasados y plumas de aves diurnas.
Mundo intermedio	Tierra, maíz, hierbas favoritas y cristales favoritos.
Inframundo	Cristales negros, geodas, plumas u otros objetos de animales nocturnos.

OBJETOS SAGRADOS CUATRIPARTITAS

PUNTO CARDINAL	COLOR MAYA	COLOR MEXICA	PROPÓSITO	OBJETOS SAGRADOS
Sur	Amarillo	Azul	Descubrimiento	Herramientas de adivinación, cartas del tarot, sortilegios, maíz y conchas.
Oeste	Negro	Blanco	Liberación	Vides de ayahuasca, cactus peyote, cuchillas de obsidiana, cáscara sagrada, raíz de diente de león, raíz de bardana y *Senna bicapsularis* (cadecillo).
Norte	Blanco	Negro	Edad de la sabiduría	Fotos de nuestros mayores, ancestros, fósiles, conchas y cortezas de árbol.
Este	Rojo	Rojo	Renacimiento, renovación	Agua, jade y piedras verdes.
Centro	Azul	Turquesa	Conexión, historia y familia	Fotos de nosotros mismos o de nuestros ancestros, objetos sagrados que nos representen a nosotros o a nuestros antepasados.

Objetos sagrados para el altar

Inspirado por los sabios antiguos mesoamericanos, quienes amaban y eran devotos de sus prácticas de veneración ancestral, por favor considera colocar objetos sagrados que tengan propósitos y roles multifacéticos. Aunque en la siguiente sección ofrezco ejemplos de objetos que pueden tenerlos, lo más importante es que los objetos resuenen en ti para que tengan significado e impacto. Tales objetos invocarán la presencia, ayuda e intervención de los antepasados, les proporcionarán bienestar en la otra vida, fortalecerán las energías de sus almas y actuarán como portales desde y hacia los reinos no ordinarios de la otra vida.

Ten presente que todos los objetos que se coloquen en el altar ancestral estarán impregnados de las energías del alma de tus antepasados. Antes de colocar cualquier cosa sobre el altar ancestral, por favor considera limpiarlo colocando el objeto cuidadosamente sobre las llamas anaranjadas de una limpia de fuego blanco (ver páginas 38–39), el humo de una tableta de carbón y copal (también conocido como sahumerio) o un manojo de hierbas para sahumerio encendido. Alternativamente, rocíalo con tu agua Florida casera (ver páginas 119-22) o compra agua Florida en una tienda. También puedes encontrar otra forma en la que sientas que el objeto quiera ser limpiado. Después de limpiarlo, sostén el objeto contra tu corazón y agradece a tu antepasado o antepasados por bendecir e infundir las energías de sus almas en ese objeto sagrado. Por supuesto, esta infusión y bendición puede ser una ceremonia en sí misma. Como ya te he comentado en el capítulo 1, no es necesario colocar una imagen real de un antepasado en el altar ancestral. Más bien puede ser una imagen o un objeto que lo represente literal o metafóricamente.

Estos objetos pueden ser cualquiera de los siguientes:

- Una foto de una tierra sagrada. Si te sientes vinculado a los antepasados de un lugar o tierra sagrados, una foto de este sitio puede reforzar el vínculo entre tú y tus antepasados.

- Una planta medicinal fresca o seca. Si tienes conocimiento intuitivo sobre las plantas y sus dones y sientes que tu afinidad con ellas está asociada a uno o varios antepasados, las plantas te ayudarán a dar vida a tu conexión ancestral.

- Un objeto religioso o sagrado. Los antepasados que eran devotos de una fe (incluidas las religiones no monoteístas) o creían en algún tipo de poder divino se sentirán atraídos por los objetos sagrados. Estos objetos también pueden seguir reforzando sus energías animadoras del alma en la otra vida.

- Herramientas de un oficio. Si tus antepasados tenían un oficio que amaban, coloca algo que forme parte o represente este oficio. Tus antepasados podrán utilizar estas herramientas en la otra vida y se sentirán atraídos hacia ellas en el altar.

- Herramientas de una afición. Si tus antepasados tenían una afición u oficio que les encantaba practicar, coloca algo que forme parte o represente esta afición para reforzar tu conexión y darle la bienvenida al altar.

- Los objetos que llevaban en vida o crees que les encantarían, como ropa, joyas, mantas o accesorios. Estos pueden proporcionar comodidad a nuestros antepasados en la otra vida e invitar su presencia a nuestro altar.

- Los objetos de poder, como cristales, báculos, sonajas, tambores, estatuillas, fardos ancestrales, *popoxcomitl*, incensarios y cucharones especiales para tu altar ancestral, también pueden transportarse a diferentes lugares e invitar a tus antepasados a tener un mayor acceso a ti en estos espacios.
- Los libros sobre una cultura compartida o sobre tus antepasados pueden crear o reforzar la conexión entre ellos y tú. Sor Juana Inés de la Cruz, feminista del siglo XVII, prolífica filósofa y compositora, por ejemplo, siguió viniendo a mí como antepasada cultural. Cuando sentí una fuerte atracción intuitiva para invitarla a formar parte de mi séquito ancestral, coloqué un libro de su vida en mi altar y la invité con humildad a este espacio sagrado.
- Estatuillas. Crear figuras que representen a nuestros antepasados es una tradición constante. Considera la posibilidad de hacer calaveras de tus antepasados para la próxima celebración del Día de los Muertos (véanse las páginas 87–88).

Portales: herramientas para el viaje

También hay objetos sagrados que se sigue considerando que actúan como portales sagrados desde y hacia los reinos no ordinarios. Algunos de estos objetos sagrados son:

- Agua. Considera colocar una taza con agua en tu altar y utilízala como ofrenda y portal para enviar mensajes, oraciones y amor a tus antepasados.
- Espejos. Coloca un espejo normal o un espejo tradicional pulido de pirita, hematita u obsidiana en tu altar ancestral para acceder a tus antepasados y, a su vez, proporcionarles a ellos acceso a tu altar.
- Fuego. La mecha de una vela puede actuar como un portal para nuestros antepasados. Mirar la mecha de la vela con profundas inhalaciones y exhalaciones intencionadas es también una forma de invocar y entrar en comunión con nuestros antepasados.

Sustento: alimentos, bebidas, aromas y recipientes

Los aromas, especialmente los agradables, son algo que nuestros antepasados consumen y de lo que están compuestos. El copal es una resina sagrada de un árbol autóctono de las Américas que todavía utilizamos para limpiar nuestros espacios, reconocerlos como sagrados y atraer la ayuda divina, incluso y especialmente la de nuestros antepasados. También me gusta dejarles abiertos los tapones de mis botellas de aceite al menos una vez al mes como ofrenda. Los difusores de aceite también sirven como maravillosas ofrendas aromáticas para nuestros antepasados.

Los alimentos aromáticos y las bebidas también son tradicionales para alimentar y mantener la energía del alma de nuestros antepasados. Se cree que el olor dulce y embriagador de los pasteles frescos atraviesa los reinos no ordinarios. Como yo acostumbro reciclar la comida que ofrezco a la tierra, opto por compartir alimentos compostables con mis antepasados.

Las bebidas ideales son las que creemos que gustarán a nuestros antepasados o las que más nos gustan a nosotros. Personalmente, les sirvo mi primera bebida preferida: una deliciosa agua refrescante. Aparte de la kombucha y del agua de coco ocasional, agua simple es lo que suelo beber y creo que los antepasados con los que más conecto también son amantes del agua, como yo. Cuando organizo ceremonias de cacao y preparo bebidas de cacao para mí, mis antepasados son los primeros en servirse.

Otra costumbre tradicional para nuestros antepasados es reservarles tazas y platos específicos.

Limpieza del altar

Lo ideal es limpiar el altar o los altares de forma cíclica, que puede ser una vez a la semana, cada mes, cada seis meses o una vez al año; tú defines el ciclo. Las limpiezas pueden incluir:

- Hacer ofrendas de copal.
- Rociar el altar con aguas purificadoras, como agua Florida, agua de rosas o agua de lavanda.
- Frecuencias y sonidos, como tambores, canciones, poemas, la palabra hablada, cuencos tibetanos y cuencos de cristal.

- Tiznar con manojos de hierbas.
- Limpias con fuego blanco (ver páginas 38–39).
- Retirar todo del altar y limpiar la base y los objetos con una solución preparada especialmente para esto, o bien, con agua y jabón.

Si sientes el impulso de limpiar el altar, tómate un momento para conectar con este espacio y preguntarle sobre sus cambios, para que puedas dedicarle tiempo. Déjate guiar intuitivamente sobre si es necesaria una nueva disposición, si hay que mover elementos a otro lugar o incluir otros objetos.

En cuanto a los objetos sagrados potencialmente portátiles que están en nuestros altares ancestrales, como imágenes, talismanes, instrumentos o cristales, es maravilloso llevarlos con nosotros a clases, ceremonias, trabajo o simplemente tenerlos con nosotros. Asegúrate de que regresen periódicamente para recargarse. Pregúntales cuándo están preparados para volver a su altar y recargarse. Considera también la posibilidad de tiznar cada objeto con un manojo de hierbas secas, limpiarlos con copal, rociarlos con agua Florida o, si caben, colocarlos dentro de un cuenco de cristal o cuenco tibetano y hacer sonar el recipiente mientras están dentro de él para limpiarlos antes de volver a colocarlos en el altar.

DINÁMICA DE TURNOS
EN LA OFICINA DE ELIZABETH

Cuando Elizabeth acudió a mí por primera vez, sufría lo que ella consideraba ataques inusuales de ansiedad y dolores de cabeza en el trabajo. Trabajaba en un banco y se ocupaba de lo que ella pensaba que eran los aspectos menos glamorosos de la contabilidad: el cumplimiento de las normas. Hacía bien su trabajo y se sentía relativamente satisfecha. Sin embargo, había un equipo nuevo al que había supervisado durante los últimos ocho meses y que era increíblemente difícil e irrespetuoso con ella, pues en más de una ocasión intentó culparla por sus errores. Ella lo identificaba como el "equipo problemático". Supervisaba a otros dos equipos, a los que quería, pero, por desgracia, tuvo que pasar más tiempo con el "equipo problemático" porque surgieron algunas irregularidades en su auditoría del año anterior.

Elizabeth era un encanto. Aún estaba recuperándose de un desengaño amoroso, pero estaba disgustada consigo misma por seguir sintiéndose triste por el desamor. Su novio, con quien había vivido y salido durante seis años, la había dejado de forma un tanto inesperada. Durante nuestra primera sesión fui guiada para que le preguntara sobre su vida amorosa. Ella respondió inmediatamente que estaba bien y luego se retractó diciendo: "Bueno, no existe". Me confesó de entrada que estaba enfadada consigo misma por seguir dolida por alguien que la abandonó hacía más de dos años. Su padre falleció cuando ella tenía ocho años, su madre había muerto recientemente, sus abuelos ya habían fallecido y la mayor parte de su familia estaba en México y Nicaragua. Al parecer, cuando su novio la dejó, ella recibió un ascenso y un aumento en su trabajo. Esto le proporcionó algo de lo que podía sentirse orgullosa y mantuvo su corazón y su mente ocupados después de la dolorosa ruptura; al menos al principio. Poco después de la muerte de su madre, Elizabeth quedó a cargo del "equipo problemático".

Inmediatamente después de nuestra primera sesión percibí que los dolores de cabeza y la ansiedad de Elizabeth también estaban relacionados con sus sentimientos de soledad y desarraigo, sin familia ni antepasados. También me confesó que nunca había conocido a su familia nicaragüense y que había visto a algunos miembros de su familia mexicana en contadas ocasiones durante su infancia y adolescencia. Sentí que dos tatarabuelas ancestrales surgieron para ella durante nuestra sesión, una de México y otra de Nicaragua. Sabía que estos ancestros estaban listos para ayudar a Elizabeth con el "equipo problemático" y que querían recordarle que ella siempre está arraigada en el amor ancestral.

La animé a crear un altar ancestral cultural en su casa, preguntándole qué la hacía feliz cuando pensaba en México y Nicaragua. Se rio y me dijo que los plátanos de Nicaragua y las enchiladas de México. Le dije que eso era hermoso y que algo relacionado con la comida que le gusta de esos lugares tenía que estar en su altar. También la animé a que entrara en internet y explorara lugares hermosos de esos países, lugares que consideraría visitar. Le recomendé que incluyera fotos de esos lugares, objetos para cocinar sus comidas favoritas de esos países y fotos y recuerdos de su madre y su padre. Le recomendé que invitara a su padre y luego a su madre a tomar un café y que compartiera con ellos cualquier otra cosa que tomara para desayunar, cuando tuviera tiempo de hacerlo por las mañanas. En esas conversaciones podría contarles lo que había pasado en su vida y empezar a compartir con ellos todo lo que no les había dicho.

En nuestra siguiente sesión me contó que, aunque le resultaba muy difícil conectar con sus padres, después de unos cuantos intercambios con ellos empezó a sentir una ligereza en el corazón. Podía conectar con ellos al menos un par de veces por semana, ya que, debido a la pandemia, había comenzado a trabajar principalmente desde casa y acudía a la oficina tan solo uno o dos días a la semana.

Me contó que, junto con los objetos que le recomendé, incluyó en su altar ancestral un rosario, imágenes de Nuestra Señora de Guadalupe y un grande y hermoso corazón de cristal de jaspe. El rosario y la Virgen de Guadalupe la ayudaron a sentirse unida a su madre y a las mujeres de su familia. Muchas de ellas, incluida su madre, eran católicas devotas. El jaspe simbolizaba la plenitud de su corazón después de la pérdida de su padre a una edad temprana. En nuestra siguiente sesión le sugerí que en las próximas conversaciones que mantuviera en el desayuno con su madre y su padre les contara lo que estaba ocurriendo en el trabajo y tuviera consigo el rosario (por su madre) y el corazón de jaspe (por su padre), dependiendo de con quién hablara. También le recomendé que llevara esos objetos sagrados ancestrales al trabajo o que los tuviera junto a su ordenador portátil cuando trabajara desde casa.

Nos vimos en una nueva sesión y me contó que, después de dos semanas de llevar el rosario y el corazón de jaspe al trabajo, el principal instigador del "equipo problemático" había sido trasladado a otra división. Me dijo que, ahora, este equipo parecía más receptivo y menos conflictivo. Sin embargo, estos compañeros de trabajo seguían siendo muy diferentes a los de los otros dos equipos que ella dirigía. Su ansiedad y sus dolores de cabeza eran casi inexistentes. Debido a la pandemia, también se habló de reestructuración interna. Esta posible reestructuración significaba que ella dejara de supervisar al "equipo problemático" y, en su lugar, se encargara de otro equipo y de una oficina más cercana a su casa. Elizabeth estaba eufórica y me preguntó si podía crear un altar ancestral en el trabajo. La animé a que guardara sus altares ancestrales en un lugar donde pudieran descansar y estar en paz, idealmente su casa, y la animé a que practicara una devoción recíproca.

Como para Elizabeth la comida representaba una conexión inmediata e instintiva con sus antepasados, le recomendé que, durante un año, intercalara un banquete mensual para su madre y sus antepasados de la línea materna y, al mes siguiente, para su padre. A cambio, ella les solicitaría que la ayudaran a crear un entorno y unas circunstancias laborales ideales. Le dije que escribiera su solicitud y su ofrenda devocional en una petición y la dejara sobre el altar. Los ojos de Elizabeth brillaban como nunca antes los había visto. Estaba entusiasmada.

Para la siguiente sesión, Elizabeth acababa de terminar su segundo banquete devocional. Llegó con grandes noticias. Al mes siguiente ya no dirigía al "equipo problemático"; en cambio, ahora dirigía tres equipos cercanos a su lugar de residencia, dos de los cuales eran equipos que ya había dirigido y con los que se llevaba muy bien. Su ansiedad y sus dolores de cabeza habían desaparecido y cualquier residuo se estaba controlando con el trabajo de respiración chamánica que le había enseñado. Al mes siguiente recibí un mensaje de texto suyo en el que me informaba que su nuevo equipo era muy agradable y que, hasta el momento, había disfrutado trabajar con él.

Elizabeth ha continuado con sus fiestas mensuales de devoción a sus antepasados. A través de estas actuaciones devocionales y ofrendas, admitió que se sentía más cerca de sus antepasados que nunca y, finalmente, se sintió lo bastante fuerte como para trabajar y sanar su anterior ruptura romántica. Abrirse a sus antepasados le ha dado a Elizabeth el valor y la fuerza para profundizar en su camino de sanación y reclamar su felicidad en todos los niveles de su vida.

CAPÍTULO 3

Ceremonias coloridas
que honran a nuestros ancestros

Las ceremonias regulares y espontáneas para nuestros antepasados, en las que los colmamos de gratitud y amor, fortalecen las energías de sus almas y nuestra conexión mutua. Además de mis ofrendas regulares a mis antepasados, también celebro ceremonias anuales y espontáneas para ellos, que suelen incluir ritos de limpieza, arte, artesanía, vestuario, altares, música, baños de sonido, ceremonias de cacao y cualquier otra cosa que me guíen a hacer. En cuanto a las ceremonias regulares, todos los años mi marido, Miguel Buenaflor, y yo nos preparamos para el Día de los Muertos. Ese día realizaremos algún tipo de ritual ancestral privado o comunitario que albergará a nuestros antepasados y se colocará en algún lugar de nuestra casa o en nuestro altar ancestral.

También podemos celebrar el mes de Xocotl Uetzi (del 1 al 20 de agosto, según el calendario gregoriano). Este era el mes en que se creía que los antepasados regresaban y cuando nuestros ancestros de México central celebraban a sus antepasados. Celebramos (en línea y de manera presencial) ceremonias de baños lunares y baños de sonido en las que enseñamos, reconocemos y honramos nuestras tradiciones sagradas, animamos a otros a conectar con sus antepasados e incluimos algunos objetos de mi altar ancestral para que los antepasados se nos unan en la celebración. Las ceremonias espontáneas y privadas varían en estilo y me permito trabajar intuitivamente para saber cuándo soy llamada a celebrar a mis antepasados.

A veces se trata de crear un espacio sagrado colocando copal en una tableta de carbón y cantando una canción que he escrito para ellos; también en luna llena o nueva preparo cacao para mí y mis antepasados y los invito a cantar y bailar conmigo.

La reivindicación de mis antepasados, de mi cultura y de mí misma ha coincidido definitivamente con mis propios procesos de sanación, que han sido tanto accidentados como emocionantes y dinámicos. Durante buena parte de mi infancia y adolescencia, el hombre con quien mi madre volvió a casarse, y que también era mexicano, nos exigió a mi madre y a mí que nos asimiláramos a nuestra nueva cultura de formas muy desagradables. Reprendía a mi madre por su acento, me decía repetidamente que mi apellido me hacía parecer una "mojada", no le gustaba que habláramos español en casa y me decía que, si tenía suerte, no me parecería físicamente a mi padre, quien era un "indio".

Ya era bastante duro tener que crecer en la década de los ochenta, en la que el *statu quo* y la mayoría de las instituciones esperaban la asimilación, pero ser bombardeada también en mi propia casa era increíblemente traumatizante. No fue sino hasta que llegué a la universidad, en mis cursos de *xicanx*, cuando por fin me proporcionaron las herramientas para empezar a deconstruir, descolonizar y sanar mi mente, mi corazón y mi alma. En estos procesos de descolonización vino la celebración y el reconocimiento de mis antepasados en ceremonias públicas y privadas. Aunque nunca fue mi intención inicial, a lo largo de los años he notado pequeños y grandes "milagros" de mis antepasados, quienes intervienen más fácilmente a mi favor. Al trabajar con mis clientes e inspirarlos para que se recuperen y se descolonicen a ellos mismos y a sus ancestros, también he observado que sus ascendientes intervienen a su favor, especialmente a la luz de sus rituales devocionales diarios y sus celebraciones ancestrales regulares y espontáneas. Estas ceremonias ancestrales devocionales son increíblemente útiles para sanarnos, reivindicarnos y descolonizarnos y, por supuesto, fortalecen nuestra conexión con nuestros antepasados y sus energías del alma, al darles un mayor acceso para intervenir en nuestro nombre.

Del mismo modo, los antiguos pueblos mesoamericanos celebraban numerosos ritos estatales, calendáricos, comunitarios, familiares e individuales para honrar a sus antepasados y mantenerlos activos en sus vidas. En estos ritos, la presencia de sus antepasados se manifestaba de diversas maneras. Estos ritos permitían y garantizaban, entre otras cosas, la obligación y la capacidad de los ancestros de intervenir, ayudar, legitimar y guiar a sus patrones vivos y reforzaban sus conexiones y el acceso de unos a otros.

Estas ceremonias incluían danzas rituales, la creación de espacios sagrados para ofrendas, el regreso a los sitios funerarios para ofrendar y manipular los huesos de los antepasados, semillas resistentes para el renacimiento de la energía del alma del antepasado, herramientas sagradas utilizadas para conjurar y comunicarse y para lograr la deificación ancestral[1]. Las ceremonias también incluían actuaciones rituales —baile, llanto y canto— y eran cíclicas tras la muerte de un antepasado.

Junto a los ritos domésticos privados para los ancestros, también había ceremonias calendáricas anuales que honraban su memoria de diferentes maneras. Tras profundizar en los antiguos ritos mesoamericanos de veneración ancestral, me basaré en esta sabiduría para explorar distintos tipos de ceremonias en las que podemos participar para venerar a nuestros antepasados y fortalecer nuestros vínculos mutuos, así como para fortalecer nuestros vínculos con ellos como familia, incluida la enseñanza a los niños sobre sus raíces y vínculos ancestrales mediante actividades creativas y divertidas. También profundizaré en la historia de una de mis clientes que utilizó los derechos de veneración para eliminar una maldición ancestral que la afectaba tanto a ella como a sus hijas.

ACTUACIONES RITUALES: DANZA, LUTO, CANTO Y ABSTINENCIA

Los actos rituales para venerar a los antepasados tenían muchas dimensiones. Incluían actuaciones que permitían al intérprete canalizar o recuperar mensajes de los antepasados y encarnarlos a través del vestuario, el consumo de enteógenos (por vía oral o mediante enemas), la danza, el derramamiento de sangre o la contemplación del fuego, el agua y los objetos sagrados, como espejos y bastones de pirita y obsidiana[2]. Varias obras de arte del periodo Clásico maya representan a los antepasados que entran y salen del mundo de los vivos y del reino floral a través de espejos. Esto implica que los espejos actuaban como portales que permitían el movimiento hacia y desde los reinos de los vivos y los reinos no ordinarios[3].

En las danzas rituales de trance participaban a menudo gobernantes, nobles y plebeyos mayas ataviados con trajes y máscaras que representaban a los antepasados en los que se transformaban o a quienes canalizaban mientras actuaban[4]. El estado de trance de los intérpretes en muchas de estas representaciones rituales facilitaba el viaje de los difuntos a los reinos de los vivos. El investigador mesoamericano Stephen Houston señala que, mediante el movimiento, sobre todo de los pies, probablemente al danzar, se facilitaba la frecuencia jeroglífica de cuando el alma de un ser humano vivo "concurría" o se unía con el alma de una deidad o ancestro divinizado[5].

Los accesorios, objetos e instrumentos sagrados utilizados en estas actuaciones rituales también servían como portales o facilitaban el viaje de los antepasados a los reinos de los vivos. Los intérpretes solían llevar trajes y accesorios, como bastones y báculos, que se creía que atraían al antepasado y permitían al intérprete comunicarse con él o encarnarlo durante la representación. Los cinturones que representaban las cabezas ancestrales eran una prenda común para el atuendo usado en la danza ritual ancestral maya. Los mayas accedían a sus antepasados a través de la danza[6]. Es probable que las ocarinas y los fragmentos de tambores de cerámica de los barrios palaciegos y de las residencias comunes proporcionaran el acompañamiento musical a estas actuaciones rituales ancestrales[7]. Las actuaciones musicales y otras formas de entretenimiento en lujosos banquetes, llenos de ofrendas de alimentos y regalos en honor y para los antepasados, también eran frecuentes[8].

También existen extensos registros etnohistóricos que detallan las elaboradas representaciones rituales del México central postclásico que, según se creía, facilitaban la partida y el posterior viaje del antepasado a los reinos no ordinarios y tenían por objeto aliviar el dolor de sus supervivientes. Estas representaciones eran, en gran medida, de luto, veneración y abstinencia[9]. En los funerales se entonaban canciones y cánticos que alababan las hazañas del antepasado[10]. La música que se tocaba en los funerales era especial y diferente a la que se tocaba en otras celebraciones. Los ritos no terminaban con el entierro del cuerpo, sino que duraban hasta que las energías del alma del difunto llegaban a su destino[11].

Figura. 3.1. Panel de tablillas. Piedra caliza tallada que representa la ceremonia de la danza en veneración de un antepasado. La figura central, K'inich K'an Joy Chitam II, está de pie en postura de danza. Su padre, K'inich Janaab Pakal (derecha), y su madre, Tz'akbu Ajaw (izquierda), están sentados a cada lado. El texto registra un aniversario de la muerte de su antepasado, K'an Joy Chitam I.

Cortesía de Ancient Americas at LACMA. SD-120.

Dibujo de Linda Schele. Derechos de autor © David Schele.

Cuando morían los esposos, por ejemplo, después de los cantos y cánticos de todos los asistentes al funeral comenzaban las actuaciones sombrías de las viudas, sus hijos e hijas y todos sus parientes.

Todas las mujeres llevaban el cabello suelto, pegado a la cara. Las esposas llevaban los mantos y los pañuelos de sus maridos sobre un hombro, mientras que sus hijos e hijas llevaban en las manos los adornos de plumas para las orejas y todas las joyas de su padre[12]. Bailaban y cantaban, mientras gemían, gritaban, daban palmas al compás del instrumento, se inclinaban hacia la tierra, doblaban y erguían el cuerpo continuamente[13]. Después de bailar durante un buen rato, se sentaban a descansar. A continuación, los dolientes recibían el apoyo y las ofrendas de la comunidad[14].

Los dolientes también creaban momias de sus antepasados con madera de pino. Juntaban muchas tiras de esta madera resinosa, las ataban con cuerdas llamadas *aztamecatl* (cuerda blanca) y las adornaban con pequeños estandartes y mantos, para después colocarlas en el altar del difunto. Los intérpretes ancianos comenzaban a cantar y bailar los cantos fúnebres y así lo hacían durante cuatro días. Al cuarto día prendían fuego a los haces de antorchas de pino y enterraban las cenizas[15].

Los intérpretes ancianos y todos los parientes —hombres, mujeres y niños— se dedicaban después a las actuaciones rituales de abstinencia. Participaban en un ayuno ligero durante ochenta días, en el que únicamente ingerían una comida al día. La abstinencia suele basarse en la premisa de que los guías ancestrales, que han cruzado al otro lado, no dependen de todas las cosas de las que dependen los humanos para sobrevivir. Por tanto, se creía que la renuncia a disfrutar de aquello de lo que solemos depender reforzaba la conexión entre los vivos y sus antepasados.

Otro aspecto de la abstinencia consistía en no lavarse la cara ni peinarse. Después de los ochenta días, los sacerdotes quitaban la costra de suciedad que se había acumulado en las mejillas de los dolientes. Envolvían la mugre en papel y la llevaban al *Tzatzcantitlan* (lugar donde terminan los lamentos). Durante cinco días se les daba ropa y comida a los intérpretes ancianos[16]. A partir de entonces, cada cuatro años, durante cuatro días, quemaban ofrendas de copal, comida, pulque y flores para ayudar y fortalecer la *teyolía* del antepasado en la otra vida y realizaban diferentes rituales de abstinencia, incluyendo ayunos ligeros. Al cuarto año se daban

Figura 3.2. Representa el funeral de un gobernante como un haz que entra en una fosa ardiente de cremación. También se representan las ofrendas que se incluían en la cremación y las sombrías ceremonias de llanto de los mexicas. Estas ceremonias de llanto permitían la liberación de las energías del alma del antepasado y también eran fundamentales para la sanación y liberación de las familias. (Véase también la lámina 2 en color).

Cortesía de Ancient Americas at LACMA. Codex Magliabechiano, lámina 67r.

por terminados los servicios funerarios[17]. Las mujeres se encargaban de las ceremonias de duelo lunar y los ancianos del duelo solar, en el que se encargaban de informar al sol sobre la llegada del antepasado[18].

RITUALES DE REINCORPORACIÓN: EXHUMACIÓN Y MANIPULACIÓN DE LOS HUESOS

Los rituales de veneración ancestral, especialmente para los antepasados de élite, solían tener lugar mucho tiempo después del entierro e incluían el reingreso a los sitios funerarios para la exhumación, la manipulación de los huesos y otros ritos ancestrales.

Es probable que las tumbas de El Zotz se mantuvieran abiertas durante semanas (incluso más tiempo) para permitir los rituales funerarios prolongados, mucho después de que el gobernante fuera sepultado[19]. El reingreso en los sitios funerarios a menudo implicaba la reubicación, retirada o adición de huesos y artefactos ancestrales[20].

Se creía que los huesos eran una semilla de la energía del alma del antepasado o que la contenían. Por ello se veneraban en sus propios ritos y a menudo se representaban con símbolos que reafirmaban la vida, como flores y joyas[21]. Se creía que determinados huesos contenían ciertos poderes y se utilizaban para conjurar a los antepasados y a los espíritus[22]. Los mayas del periodo Clásico creían que ciertas partes del cuerpo, sobre todo la cabeza, conservaban aspectos de la identidad del individuo y, probablemente, su energía del alma[23]. En la cosmología etnohistórica maya, los huesos humanos tenían una asociación especialmente importante con el maíz. En la historia de la creación del *Popol Vuh*, una anciana, más vieja que los dioses, mezcló agua y polvo de maíz, finamente molido, para crear seres humanos[24].

Durante los ritos de veneración de reingreso, los huesos de los antepasados también pueden haber sido objeto de una veneración con fuego[25]. Como explico en *Ritos de purificación del curanderismo*, los ritos de limpieza con fuego se utilizaban para renovar y activar las energías del alma de los edificios y espacios sagrados, incluidos los espacios mortuorios[26]. La quema de huesos también puede haber servido para renovar las energías del alma del antepasado. La quema e incensación del Entierro 13 del sitio maya de Piedras Negras probablemente sirvió para revivificar los restos del gobernante. El patrón de la quema indica que el hueso fue quemado después de que el cuerpo ya se había transformado en esqueleto[27].

La manipulación ósea también incluía el desollado, corte y triturado de huesos largos y dientes, así como la extracción y manipulación intencional *post mortem* de elementos esqueléticos[28]. La manipulación de cadáveres también podría haber estado asociada por los mayas con los aniversarios de importantes ceremonias calendáricas, así como con los aniversarios de la muerte del antepasado[29]. Estos huesos manipulados a menudo se colocaban en fardos y eran venerados como el propio antepasado[30].

Para los mayas del periodo Postclásico, los cráneos eran especialmente venerados como los propios antepasados y se guardaban en los oratorios de las casas, junto a sus estatuas ancestrales y sus cenizas. Los pequeños oratorios o altares familiares servían como lugares de veneración ancestral. Colocaban una especie de betún sobre el cráneo para darle la apariencia viva del antepasado y le rendían gran respeto y reverencia. En todos los días de fiesta hacían ofrendas de comida al antepasado[31]. La calavera parecía representar o conmemorar al antepasado en vida[32].

Para los mexicanos del centro, la fuerza vital del alma residía en los huesos[33]. Los mexicas a veces extraían el fémur del cuerpo sin vida, por su simbolismo religioso. Los fémures representaban la continuidad y la fertilidad y, a veces, se colgaban de un árbol para exhibirlos fuera de la casa. Los fémures también se cortaban en surcos paralelos para hacer una especie de escofina o instrumento musical para las ceremonias. Los fémures acanalados eran muy comunes en la parte occidental del imperio azteca y, a menudo, se volvían a enterrar con ofrendas como entierros secundarios[34]*.

Los huesos de los antepasados también se bendecían y ungían con pigmentos azules. Fernando de Alvarado Tezozómoc, etnohistoriador del siglo XVI, indica que, durante los funerales de Tizoc, tanto su cadáver como sus restos, después de ser incinerados, fueron rociados con "agua azul". La llamada "agua azul" podría deber su color al uso de algún pigmento. Si este líquido se rociaba sobre los restos incandescentes, provocaría, por el brusco cambio de temperatura, una mayor fragmentación. Al evaporarse el agua, por el calor de la pira recién apagada o con el paso del tiempo, el pigmento se adhería al hueso[35].

RITOS SOLARES CALENDÁRICOS

Los registros etnohistóricos referentes a las celebraciones anuales de fiestas calendáricas indican que los mexicanos del periodo Postclásico central participaban en otras numerosas ceremonias para honrar a sus antepasados.

---

*Un sepulcro "primario" contiene el material óseo de uno o más individuos, pero los restos no han sido manipulados tras la muerte ni antes del entierro. Un entierro "secundario" es aquel en el que el esqueleto ya ha sido desarticulado o trasladado.

Se creía que los velos de la realidad se volvían increíblemente finos durante algunos días del año y que los antepasados podían atravesar los reinos de los vivos. Se celebraban fiestas y banquetes para honrarlos y atraerlos a la celebración y los festejos.

En el mes de Tóxcatl celebraban fiestas para las deidades Titlacahuan, maestro constructor, y Tezcatlipoca, espejo humeante. Se realizaban muchos rituales en honor a estas deidades y a lo que facilitaban. Durante la fiesta en honor a Titlacahuan también honraban a sus antepasados y a sus estatuillas con ofrendas. La celebración estatal en honor a sus antepasados se celebraba en el templo de Huitzilopochtli, mientras que las familias de todo el imperio azteca los honraban en casa y dentro de sus comunidades[36].

Para el mes de Tlaxochimaco, a finales del verano, celebraban la fiesta de *Miccailhuitontli* (pequeña fiesta de los muertos). Se hacían ofrendas de chocolate, velas, frutas, panes, vino nativo, otros tipos de alimentos y antorchas de pino. Existe cierto desacuerdo sobre si las celebraciones en el mes de Tlaxochimaco se hacían para conmemorar a los niños difuntos o si se trataba de una fiesta menor, una especie de preparación para la fiesta de *Hueymiccaílhutl* (la gran fiesta de los muertos)[37].

El *Hueymiccaílhutl* se celebraba al mes siguiente, Xocotl Uetzi, en el que los antepasados regresaban a la tierra para festejar con los vivos[38]. Una de las celebraciones consistía en una carrera en la que los hombres se subían a un *xocotl* (poste), un árbol alto, de entre 30 y 40 metros, e intentaban llegar a la cima para derribar una estatuilla de Otontecuhtli (un dios de la muerte) hecha de *tzoalli* (semilla de amaranto). El ganador cortaba la cabeza de Otontecuhtli y se le permitía conservar un trozo del dios en su casa durante un año solar[39]. Al igual que sus otros ídolos, esta estatuilla tenía una forma parecida a la de la cabeza de este dios de la muerte. Otontecuhlti aparecía como un guerrero adornado con mariposas de papel, en referencia al alma de mariposa liberada durante la quema de un fardo ancestral[40].

En el mes de Tepeilhuitl (fiesta de las montañas) se hacía una celebración en honor de las altas montañas, donde se creía que estaban los lugares de origen.

Muchas fiestas y ceremonias tenían lugar en las montañas. Fabricaban *ecatotonti* (ídolos) de madera recubiertos de masa para representar y encarnar a un antepasado. También hacían imágenes en memoria de los que se ahogaban en agua. Después de muchas ceremonias colocaban los *ecatotonti* en sus altares, ofrecían tamales y otros alimentos, hacían alabanzas verbales y bebían vino en su honor[41].

Para el mes de Quecholli honraban a Mixcóatl, uno de sus principales dioses de la caza, y preparaban muchos ritos para asegurarse de que los animales cayeran en manos de los cazadores. El festival también honraba a los antepasados[42]. Durante cuatro días fabricaban numerosas flechas pequeñas y las ataban de cuatro en cuatro, con cuatro antorchas de pino. En las tumbas de los antepasados colocaban dos tamales, junto con las antorchas y las flechas. Ahí, al lado de las tumbas, permanecían todo el día. Por la noche quemaban las ofrendas y bailaban, cantaban y realizaban ceremonias rituales con fuego para sus antepasados. Al anochecer, los antepasados y las deidades tenían mayor acceso a los planos terrenales y se alimentaban de estas ofrendas interpretativas[43].

INTEGRACIÓN DE LA ANTIGUA SABIDURÍA MESOAMERICANA

Ceremonias de veneración ancestral

Las ceremonias que los antiguos mesoamericanos celebraban para venerar a sus antepasados incluían ritos que permitían a los vivos y a los difuntos atravesar sus respectivos reinos. Esto se hacía mediante representaciones que procuraban un estado de trance o meditación y se realizaban en días y horas del día cuando los velos de la realidad eran más finos. El trabajo respiratorio, el movimiento y la participación en proyectos artísticos ceremoniales que impliquen la veneración ancestral (realizados en estos días y horas del día cuando los velos de la realidad son más finos) eran consideradas formas ideales no solo de fortalecer la conexión con los antepasados, sino también de atravesar los reinos de unos y otros.

Arte ceremonial para la familia y para uno mismo
El arte es una forma maravillosa de aquietar la mente y sintonizar con los dones y mensajes de nuestros antepasados, invocar e inspirar su presencia

y ayuda y proporcionarles un hogar o espacio para que se unan a los vivos. Los siguientes son proyectos artísticos ceremoniales tradicionales que tienen sus raíces en la antigua Mesoamérica y en las tradiciones modernas del curanderismo. Aunque muchos de ellos se realizan en días particulares, como los cumpleaños o la celebración de tres días del Día de los Muertos, cualquier día o momento en que sintamos el impulso de honrar y conectarnos con nuestros antepasados será el día o momento perfecto para participar en estos proyectos ceremoniales.

El arte es una manera maravillosa de acercar a las familias, compartir historias sobre parientes, tener comprensiones culturales más amplias y enseñar a los niños sobre sus raíces y conexiones ancestrales a través de actividades creativas y divertidas. Si mis clientes tienen hijos y considero que pueden estar abiertos a ello, siempre les recomiendo incluirlos (tanto a ellos como a otros familiares) en estas actividades de creación de artesanía ritual para la veneración ancestral que fortalecen la conexión con los antepasados. Mis clientes que han participado en estas actividades con sus hijos me han compartido que con frecuencia logran despertar en ellos una mayor curiosidad sobre su herencia cultural y familiar, así como un gran sentido de orgullo por sus propias identidades y relaciones familiares ancestrales. Son actividades algo divertidas y relajantes para la familia.

También podemos utilizar estos procesos de creación de arte ceremonial para sanar a nuestro niño interior y ayudarlo a sentirse arraigado a nuestros antepasados familiares y culturales. Esto es particularmente útil si, como yo, no te sentiste arraigado a tus antepasados o a ninguna cultura durante tu infancia. En lo personal, aunque tenía doble ciudadanía (mexicana y estadounidense), nunca me sentí realmente mexicana ni me sentí "americana". Me separé de mi familia y de mi cultura durante una buena parte de mi infancia y adolescencia. Mudarme de forma definitiva a Estados Unidos me convirtió en una "gringa" (un término algo despectivo para un residente o ciudadano de Estados Unidos). Ya no era mexicana y experimenté una buena dosis de discriminación racial que me hizo sentir como una intrusa en este país. Estuve en este espacio intermedio, desarraigado y disociado, hasta mi adultez. Estos proyectos artísticos ceremoniales que implican la veneración ancestral fueron fundamentales para ayudarme a sanar tanto a mi niña interior como a mi adolescente interior y me ayudaron a sentirme conectada con mi familia y mi cultura.

Antes de participar en la creación de artesanías de veneración ancestral me tomo un momento para invitar a mi niña interior y, a veces, a mi adolescente interior a que me acompañen. Mi niña interior es típicamente la que más se interesa en estas actividades. Reflexiono sobre la belleza y la gracia a las que estoy conectada a través de mis antepasados y permito que esto se exprese en los proyectos. Me hubiera encantado participar en estos proyectos durante mi niñez para aprender sobre mis familiares fallecidos y poder honrarlos a través de mi cultura, pero nunca es tarde para dar a nuestro niño (y adolescente) interior lo que habrían querido experimentar y recibir; en este caso, sentirse arraigados a las ricas y bellas tradiciones ancestrales.

Creación de calaveras

Hacer calaveras de caramelo o de arcilla (de secado al aire) es una de mis formas favoritas de honrar y conectar con nuevos antepasados. Los moldes de calaveras pueden ser comprados, pero, típicamente, uso mis manos, cubiertos y hasta las herramientas que vienen con los juegos de plastilina para dar forma a las calaveras y grabar sus dientes y ojos.

Para esta receta de calavera de caramelo necesitarás lo siguiente:

- Un tazón para mezclar (con capacidad para 6 tazas)
- 2 claras de huevo
- 4 tazas de azúcar blanca granulada o azúcar de coco
- 10 cucharaditas de agua
- Tubos de glaseado de varios colores

Coloca las claras de huevo, el agua y el azúcar en el tazón. Bátelos y luego estruja los ingredientes con tus manos. El agua se depositará en el fondo del tazón, por lo que debes asegurarte de moverla hacia la superficie mientras mezclas todos los ingredientes con tus dedos para unirlos. Hazlo hasta que el azúcar se sienta como arena mojada de la playa. Si el azúcar se siente seca, agrega un par de cucharaditas adicionales de agua a la mezcla. Haz rodar la mezcla hasta formar una bola y, a partir de ella, comienza a dar forma a tu calavera. Deja tu calavera reposar y secarse por 24 horas y luego procede a decorarla con el glaseado de colores. Es una costumbre incluir el nombre del antepasado en la calavera, lo mismo que accesorios como aretes, sombreros, verrugas, cigarros y narigueras.

Antes de colocar la calavera en tu altar ancestral, considera ofrecerle copal o incienso y tómate un momento para conectar con ella. Confirma que realmente quiere ser colocada en el altar y averigua en qué parte del altar quiere estar. A continuación, considera la posibilidad de hacerle ofrendas de libación, comida o dulces que ayuden a empezar a animar a la calavera con la energía del alma de tu antepasado y le ayuden a sentirse bienvenida en el altar. Comprueba periódicamente dónde quiere estar ubicada. Si has hecho una calavera de caramelo, comprueba si debieses comerte la calavera después de tenerla en tu altar (durante al menos un día o dos). Uno de mis mentores compartió conmigo que al hacerlo nos acercamos más a los antepasados.

Escenas de calacas (esqueletos)

Las escenas de calacas pueden llevar más tiempo de creación y son una forma maravillosa de conectar con los antepasados vocacionales y culturales. Lo que se hace por tradición es crear una escena que represente la habilidad, el oficio, la vocación o el hogar de ese antepasado o un área cultural que contenga objetos que nos ayuden a sentirnos conectados con ellos.

Creé una escena de calacas cultural que me ayudó a conectar con mi abuelo. En ella está él, rodeado de los amigos a los que recibía, dentro de un comedor con paredes tapizadas en un atrevido color burdeos. En las paredes hay cuadros de Frida y, aunque mis abuelos nunca tuvieron obras de esta pintora mexicana, incluí estos elementos porque me conectan con el amor que siento por mi cultura. Sobre la mesa hay pasteles, platos y tazas de barro, muy tradicionales de las casas mexicanas. Mi abuelo era increíblemente carismático y le encantaba recibir invitados.

La mayoría de las tiendas de manualidades tienen muchos, si no es que todos los artículos que necesitarás para tu escena de calacas. Estas son algunas ideas:

- Una cajita rectangular o cuadrada de madera con tapa extraíble.
- Arcilla (de secado al aire) para hacer los muebles y accesorios de tu escena de calacas.

- Papel texturizado o de color que sirva como papel tapiz.
- Pequeñas calacas (las encuentras en muchas tiendas en línea).
- Opcional: miniaturas, accesorios de casas de muñecas y accesorios en pequeña escala.

Creación de una escena de calacas

Empieza esta ceremonia artesanal invitando a tus antepasados con copal, compartiendo una bebida y trayendo un objeto ancestral de tu altar a tu lugar de trabajo. Reza una oración y agradéceles por su inspiración y guía. Antes de iniciar proyectos artísticos ceremoniales designo un día, de preferencia para los próximos meses, y me comprometo a cumplirlo. Como se trata de un proyecto ceremonial, es importante reservar tiempo y espacio para él, para asegurarnos de no olvidarnos de nuestros antepasados y nuestras raíces. Sintoniza con la energía de los antepasados y pídeles que se unan a ti y guíen tu trabajo. Este será un espacio sagrado que ellos visitarán y donde residirán.

Una vez terminado, sintoniza con él y mira hacia dónde quiere ir.

Mi escena de calacas fue a mi sala, ya que mi abuelo quería formar parte de cualquier evento que organizáramos y estar con nosotros cuando celebráramos fiestas.

Decoración de marcos

Muchas tiendas de manualidades también venden marcos sencillos y baratos que podemos comprar para pintar y decorar con ornamentos, como un mortero, platos, tazas y pedrería. Antes de dedicarte a decorar el marco, una vez más invita a tus antepasados y pregúntales a quién le gustaría tener un marco, a menos que sepas para quién es. Inspíralos para que se unan a ti quemando copal y compartiendo comida o bebida con ellos.

Fardos de pino

El pino piñonero *ocotl* fue y sigue siendo usado en muchos ritos para honrar a los que han fallecido y para ayudar a liberar sus pedazos de alma con un barrido de piñas (para limpia de barrido ver páginas 156–158). De manera similar a aquellos dolientes que hacían estatuas de las momias de sus antepasados con antorchas de pino, uno de mis mentores mayas,

Don Fernando, me enseñó esta tradición usando una o cuatro piñas. Los pinos están asociados con el árbol del mundo, un portal tripartita que conecta los reinos no ordinarios o reinos espirituales donde se puede acceder al antepasado. Todas las partes del pino se consideran sagradas, incluidas las agujas y las piñas. Las piñas vestidas se tratan como al propio antepasado y, al vestir la piña, se crea el antepasado y los objetos que se utilizan para servir de ofrendas.

⊛ *Elaboración de un fardo de pino*

Para hacer un fardo con cuatro piñas de pino, átalas con un trozo de tela. En el centro coloca una tela que servirá de base sobre la que se depositarán la mayoría de las ofrendas. El significado de las cuatro piñas está relacionado con los espacios cardinales y lo que colocamos en el centro del manojo es el corazón o el *axis mundi*. Las ofrendas para un solo fardo se colocan entre las puntas de la piña.

Utiliza resinas secas, como el copal, la sangre de dragón, el incienso o la mirra, que se queman hasta convertirse en líquido y luego rocíalo sobre las piñas. Primero se pone un puñado de resinas en un cazo y se cubren con un aceite de base, como el de almendras, jojoba o sésamo. El fogón debe estar a fuego lento. La resina se funde en unos cinco minutos y se rocía sobre las piñas. Para el fardo de piñas individuales se utilizan frutos secos, hojas, arbustos, hierbas, flores y plumas para formar los ojos y la nariz y confeccionar la ropa y los accesorios del antepasado. Cuando se trata de un fardo de cuatro piñas, estas ofrendas se pueden utilizar para vestir las piñas, pero normalmente se colocan en la tela que hay entre ellas.

El fardo de piñas vestido se quema en una hoguera al atardecer o por la noche, ya que los velos de la realidad son más finos durante estas horas y son ideales para que nuestros antepasados sean invocados y se unan a estos ritos. El fuego también facilita el acceso de nuestras ofrendas a nuestros antepasados en los reinos no ordinarios. Se acostumbra a quemar el fardo de piñas y honrar a los antepasados el día que murieron (consecutivamente por cuatro años). También puede hacerse el Día de los Muertos u otro día, o conjunto de días, asociado con el antepasado.

Personalmente me gusta cantar canciones medicinales y tocar el tambor mientras se quema el fardo de piñas. Animo a mis clientes a que hagan lo mismo o a que escriban una carta de amor a sus antepasados en la que expresen cualquier petición que tengan o cualquier cosa que se sientan guiados a compartir con ellos.

Ofrendas devocionales recíprocas

Las ofrendas devocionales refuerzan la energía del alma de nuestros antepasados, lo que les permite intervenir a nuestro favor y guiarnos. Estas ofrendas devocionales recíprocas suelen conllevar la promesa de proporcionarles sus alimentos, flores u olores favoritos. Se cree que los olores dulces atraen a nuestros antepasados y también refuerzan su energía anímica gracias a esta dulzura. Estas ofrendas devocionales recíprocas también pueden implicar la abstinencia de sexo, alcohol, alimentos concretos o algún otro tipo de sacrificio. Sea cual sea la ofrenda, se realiza durante un periodo extendido.

Se entiende como recíproco porque, al fortalecer la energía del alma de nuestros antepasados a través de ofrendas devocionales regulares, nuestros antepasados corresponderán a nuestra devoción con ayuda, guía e intervención. Como describí en el capítulo 2 con la historia de Elizabeth, podemos solicitar su ayuda al dejar una petición en nuestro altar ancestral y organizar banquetes con su comida favorita durante un periodo determinado. No obstante, recomiendo considerar la posibilidad de hacer ofrendas con regularidad, como ofrecer agua, copal, incienso o flores. Hacerlo honra la energía de su alma y la fortalece, así como nuestra conexión con ellos. De este modo, si necesitamos pedir su intervención y ayuda, podrán hacerlo con mayor rapidez.

Días especiales

También se recomienda elegir días especiales en los que podamos celebrar a nuestros antepasados con fiestas, bailes, cantos y nuevos objetos sagrados para el altar ancestral. Este día especial puede incluir un cumpleaños —el tuyo o el de ellos— o un día culturalmente significativo, como un día de la independencia, un día festivo o el día en que te sentiste conectado con tu antepasado.

Cuando elijas un día especial para celebrar a un antepasado, sintoniza con los días que son especiales para ti. Existe una conexión de energía del alma con tu antepasado; fortalécela compartiendo uno de tus días especiales con él.

En estos días especiales, además de sintonizar con las celebraciones que ellos disfrutarían, comparte con tus antepasados las festividades que tú también disfrutas. Lo más probable es que ellos disfruten lo mismo. Compartir las energías del alma también suele significar compartir intereses, gustos y afinidades similares.

Tradicionalmente los espacios sagrados ancestrales, como los altares, se renuevan con un fuego al final de algún tipo de ciclo, como un cumpleaños o una fiesta anual. Cualquiera de las siguientes limpias de fuego puede utilizarse para renovar las energías del alma de la casa de tu antepasado: su altar. Para una limpia de fuego blanco (ver páginas 38-39), coloca una vela de oración en el altar ancestral. Este proceso también es conocido como velación. También puedes encender una tableta de carbón y colocar copal sobre ella.

El Día de los Muertos

La celebración de tres días en honor a nuestros seres queridos fallecidos, conocida como el Día de Muertos, integra los días sagrados en los que tanto españoles como mexicas celebraban a los muertos. Los tres días son el 31 de octubre (Víspera de Todos los Santos), el primero de noviembre (Día de Todos los Santos) y el 2 de noviembre (Día de los Difuntos o Día de los Muertos). Aunque existen variantes a lo largo de México y en muchas partes de Estados Unidos y el continente americano (ya que el Día de los Muertos es celebrado por muchos), la creencia común es que, a medianoche del último día de octubre, las puertas del cielo se abren y los seres queridos fallecidos pueden reunirse con los suyos en el mundo de los vivos hasta el segundo día de noviembre. Según las tradiciones españolas, son los niños quienes se reúnen con los vivos el primero de noviembre; el resto de las personas, el 2 de noviembre.

Los misioneros españoles reconocieron las correlaciones entre las fiestas celebradas en los meses de Tlaxochimaco y Xocotl Uetzi: las fiestas de *Miccailhuitontli* y *Hueymiccaílhutl* respectivamente, que eran festejadas por los centro-mexicanos en los meses gregorianos de julio y agosto. Los misioneros fomentaron la celebración de estas fiestas durante las festividades cristianas, pero con un toque mexica. Se decoraban los

Figura 3.3. Caléndulas, calaveras, calacas y mantas tradicionales ofrecidas a un antepasado sobre este altar que recuerda un templo mesoamericano escalonado, el 30 de octubre de 2021, durante el Día de los Muertos. Exposición de altares en Hollywood Forever.

(Véase también la lámina 4 en color).

Fotografía de Erika Buenaflor.

entierros familiares y los hogares con hermosos y elaborados altares hechos con papel picado de colores brillantes (papel cortado para hacer imágenes en su interior), calaveras ancestrales, escenas de calacas y varios tipos de ofrendas: flores, comida, libaciones, velas y resina.

Es costumbre hacer más altares ancestrales temporales y públicos durante estas fiestas. En muchos espacios de México y del suroeste, los impresionantes y coloridos altares ancestrales decoran cementerios, parques y otros espacios comunitarios. Estos altares, por supuesto, no siempre deben ser demostraciones públicas para honrar a nuestros seres queridos fallecidos; también pueden crearse en hogares u otros sitios privados y desmontarse total o parcialmente después de estas fiestas. Los elementos que se utilizan para crear estos altares pueden incluir todos los objetos que se comentaron en el capítulo 2 (véanse las páginas 67–70) y pueden ser escenas relevantes para ese antepasado, como una habitación del difunto, una fiesta especial o un cortejo fúnebre (véanse las figuras 3.3 y 3.4).

La forma como los mayas yucatecos más contemporáneos celebran el Día de los Muertos, también conocido por ellos como Hanal Pixán (comida de las almas), refleja algunas de sus singulares costumbres y tradiciones. Además de decorar los sepulcros familiares y los hogares con altares extravagantes, es costumbre limpiar la casa y lavar toda la ropa antes de las celebraciones. También pueden atar una cinta roja o negra alrededor de la muñeca derecha de los niños para evitar que los espíritus se los lleven y atan a los perros para permitir que los espíritus de los antepasados pasen libremente por la casa sin ser molestados. Lo más importante es que preparan alimentos exclusivos de la zona maya de la península de Yucatán, como el *múkbil* (que significa "meter en la tierra" o cocinar en un *pib*, un "horno subterráneo"). Este plato se acompaña de una taza de atole. El *múkbil* es mucho más grande que un tamal normal y se elabora con masa de maíz y manteca y se rellena con carne de pollo y cerdo, tomate y pimientos. Luego se envuelve en hojas de plátano y se cuece en un hoyo subterráneo con leña y piedras calientes. En el altar suele colocarse un plato adicional de la deliciosa comida tradicional maya para los seres queridos fallecidos y también para las almas difuntas que, quizá, nadie recuerda y necesitan un lugar donde cenar.

Figura 3.4. Un antepasado honrado con abundancia de frutas y flores rodeando a la Virgen de Guadalupe hasta Jesús en la cruz, el 30 de octubre de 2021, durante el Día de los Muertos. Exposición de altares en Hollywood Forever. (Véase también la lámina 5 en color).

Fotografía de Erika Buenaflor.

Contempla si honrar a tu antepasado con un plato único de comida, papel picado, una vela aromática especial, deliciosos chocolates o un altar adicional para esta festividad, es algo que resuena contigo.

Danza en trance, canto y la palabra hablada

Invita a tus antepasados a bailar o cantar contigo o a través de ti. Personalmente me resulta muy beneficioso utilizar o escuchar algún tipo de percusión para fluir con la energía pura de una danza o una canción. Si estoy bailando, procuro tener mis párpados abiertos apenas una décima parte, lo que favorece los estados de trance o meditación. También puedo llevar ropa blanca o de colores claros que me ayuden a sentirme más ligera o más acorde para este tipo de danza. Cuando canto, pueden surgir sonidos auditivos diferentes, tonos que no se parecen en nada a mi voz habitual y que, simplemente, permito que surjan.

La palabra hablada también ha sido entendida tradicionalmente por nuestros antepasados mesoamericanos como una ofrenda. Tómate el tiempo y el espacio necesarios para escribir un poema, una historia o unas palabras para tu antepasado. Cuando lo hayas terminado, enciende una tableta de carbón, coloca un poco de copal sobre ella, invita a tu antepasado y comparte tu palabra hablada con él. El propio acto de participar en actividades de escritura creativa para o con nuestros antepasados nos lleva más profundamente a esos espacios creativos de trance, que son áreas de consciencia que se entrecruzan con otros reinos y en los que se facilita la conexión con nuestros antepasados.

Comunión ancestral en la naturaleza o cuando viajamos

La paz y la calma de estar en la naturaleza a menudo nos ayudan a conectar con nuestro interior y a recibir mensajes de nuestros antepasados. Da un paseo por la naturaleza, vete de excursión y, si tienes acceso a una masa de agua, como el océano, ¡disfrútala! Antes de comenzar tu recorrido o de caminar por la arena, haz una ofrenda, como salvia o tabaco de cosecha propia, o envía amor a este espacio. Cuando te embarques en la naturaleza, tómate un momento para escuchar sus sonidos y asimilarlos. En este espacio de tranquilidad, llama a tu antepasado para que conecte contigo. Antes de irte, da las gracias a tus antepasados y a toda la naturaleza por acompañarte.

Considera también la posibilidad de hacer un viaje a un lugar sagrado que te ayude a sentirte más conectado con tus antepasados. Las huellas energéticas de nuestros antepasados están en la tierra, los edificios, los templos y el arte. Realiza un trabajo de respiración consciente, agradece a los antepasados que se hayan unido a ti y permítete sentir la energía y la magia de estos espacios. Imagina las ceremonias y festividades que pueden haber tenido lugar y deja que la energía de estos espacios, junto con la de tus antepasados, te enseñe y te ayude a reconectar.

UN ANTEPASADO INTERVIENE PARA ELIMINAR UNA MALDICIÓN ANCESTRAL

Beth era una abuela joven; tenía dos hijas y una nieta. Ella acudió conmigo, por primera vez, para una lectura de adivinación centrada en cómo sanar a su familia distanciada. Su familia ya no se hablaba. Según ella, el historial de las mujeres de su linaje ancestral estaba plagado de hombres que se involucraban en ciclos constantes de traición e infidelidad sexual.

Todo empezó con la madre de Beth, quien falleció a los cuarenta y pocos años a causa de un derrame cerebral. A lo largo de su vida, su madre había pasado por ciclos de depresión y era incapaz de ser tierna con sus hijos debido a las constantes infidelidades de su pareja. Según Beth, su madre murió como consecuencia de su corazón roto. Beth pretendía romper este ciclo, pero creía que sus hijas habían heredado esta supuesta maldición.

Beth quedó embarazada de su primera hija, Rosie, durante su último año de secundaria. Tenía 17 años. Se fue a vivir con los abuelos paternos de su hija, ya que su madre no tenía fuerzas para ayudarla. Tuvo a Mary, su segunda hija, un par de años después. El padre de las niñas le fue infiel en repetidas ocasiones y fue incapaz de mantener un trabajo durante más de ocho meses. Prefería fumar marihuana y beber, en lugar de ser un compañero para ella o un padre apropiado para sus hijas. Tras sorprenderlo en un nuevo acto de infidelidad, Beth acabó por abandonarlo cuando las niñas tenían siete y cinco años.

Beth trabajaba a tiempo completo como secretaria y así pudo pagar sus propios estudios universitarios. Se convirtió en maestra de primaria, pues pensó que esta carrera le daría la oportunidad de estar cerca de sus hijas. Se propuso ser un buen ejemplo para ellas y una proveedora fuerte e independiente, sobre todo porque el padre de las niñas seguía ausente por decisión propia.

Aunque Beth y sus hijas eran unidas y estaban felices, todo cambió cuando Rosie cumplió 17 años. Rosie quedó embarazada después de terminar la secundaria, así que Beth animó al novio de Rosie a que se fuera a vivir con ellas y dijo a ambos que les ayudaría como familia. Mark, un joven muy carismático y encantador, trabajaba a tiempo completo mientras asistía a la universidad comunitaria. Vivió con ellas sin inconvenientes durante más de un año, hasta unos meses después de que Rosie diera a luz a su bebé. Entonces, Mark le fue infiel.

El hogar se fracturó cuando Mary, la hermana de Rosie, sorprendió a Mark conversando y besándose con otra mujer. Mark logró convencer a Mary de que no se lo contara a su hermana. Cuando Mary finalmente reveló la verdad, se produjo una fuerte discusión entre las hermanas. Como sus hijas no se hablaban, Beth le pidió a Mark que se marchara.

Unas semanas más tarde, Mark convenció a Rosie para que se fuera a vivir con la familia de él. Le prometió que la infidelidad había sido un incidente aislado y que no cometería el mismo error. También puso a Rosie en contra de su familia, al decirle que Beth no les permitiría ser felices. Beth estaba desconsolada porque no había visto a su nieta desde que empezó este fiasco.

También había tensiones entre Beth y Mary porque la hija pensaba que su madre debió defenderla. Unos meses después, cuando Mary se mudó para ir a la universidad al norte de California, terminó por distanciarse más.

Beth intentó reconciliar su relación con sus dos hijas, pero Rosie no le dirigía la palabra y Mary continuaba distanciada, con algunas excepciones de conversaciones frías, breves o incómodas con ellas. Habían pasado casi seis meses desde que Beth no hablaba ni se reunía con ellas en familia.

Al conocer la historia de Beth intuí que podía existir una maldición ancestral en contra de las mujeres de su familia. En nuestra primera sesión le ofrecí a su "Yo Soy" una limpieza de maldiciones ancestrales y traje la presencia "Yo Soy" de sus hijas, para ofrecerles también la misma limpieza. Siempre puedo llamar a la presencia "Yo Soy" de alguien a través de sus padres o seres queridos para que reciban estos regalos. Se presenta una ofrenda a su "Yo Soy", quien siempre acepta lo que es ideal para nosotros.

Para sanar este linaje pedí a Beth que creara un altar ancestral para las mujeres de su familia y que hiciera una velación en forma de círculo para influir en los resultados (ver figura 3.5). Le pedí que escribiera una petición en un papel de pergamino con un lápiz del número 2, para pedir que todo lo que no fuera amor y luz entre ella y sus hijas y todas ellas como familia fuera transmutado con y por los fuegos sagrados del amor y la luz de Dios. Encima de esta petición, ella colocaría una vela

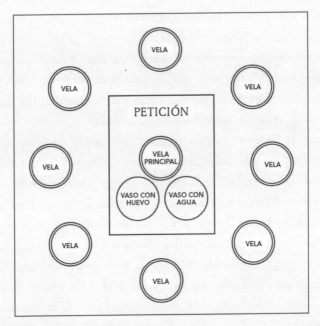

CÍRCULOS

CÍRCULO PARA INFLUENCIAR EN UN RESULTADO

Figura 3.5. Dibujo referencial de una velación, en forma de círculo, para poder influir en los resultados.
Dibujo de Carolina Gutiérrez.

santa —yo recomendé Nuestra Señora de Guadalupe para ayudar a inspirar compasión y amor entre su familia— y al lado de la vela santa tendría un vaso lleno de agua y otro vaso con un huevo crudo quebrado en su interior. Le pedí que encendiera la vela de los siete días con una cerilla de madera, sin soplarla para apagarla, y que repitiera la operación con las otras ocho velas blancas alrededor de la vela principal, en el sentido de las agujas del reloj. Beth debía permitir que las velas ardieran sin apagarlas. Le dije que empezara en la siguiente luna llena.

En nuestra siguiente sesión, Beth me dijo que la vela del santo principal se había vuelto negra y me enseñó una foto. Por lo que pude ver en la imagen, los frascos de cristal de algunas otras velas también parecían grises. Beth me contó que, a la mañana siguiente al apagado de la última vela, su hija Mary la llamó. Mary había tenido una pesadilla en la que su madre estaba enferma en el hospital y se preocupó. Aunque Beth seguía percibiendo que Mary estaba distante en la conversación telefónica, sintió en su cuerpo la sensación de ligereza. Beth me contó que Mary solía reírse siempre con ella y que se hacían reír constantemente, pero esto no había ocurrido desde el incidente con Mark.

Beth me explicó que seguía teniendo sueños e interacciones físicas con arañas. Ambas pensamos que, debido a sus múltiples interacciones en sueños y a la forma en que aparecían una y otra vez, las arañas estaban proporcionando a Beth medicina arácnida, sanación, y que estaban tejiendo en sus redes a las mujeres de la familia. Yo sintonicé con esto y sentí que se trataba de Ixmukané, la abuela divina de la mitología maya que a menudo se representa como una mujer que teje como las arañas. Después de una lectura de cartas de adivinación mesoamericana, recibimos la confirmación de que una tatarabuela de Beth estaba pidiendo conectar con Beth y juntas sanarían a las mujeres de su linaje.

Invité a Beth que incluyera en su altar instrumentos para tejer: telar, hilo, peine e imágenes poderosas de deidades y medicina arácnidas. Después, le pedí que repitiera la velación en el pico de la luna menguante para transmutar los obstáculos. Le indiqué que participara en una ceremonia del cacao después de encender la última vela para conectar con su tatarabuela, ofrecerle sanación y darle las gracias por sanar las relaciones con las mujeres de su familia.

Lámina 1. Muestra las diversas ofrendas —alimentos, joyas, ropa, mantas y cerámica— que se hacian específicamente a un antepasado comerciante. Estos objetos no solo garantizaban su comodidad y bienestar, sino también le permitían continuar con su oficio de mercader en la otra vida.
Cortesia de ncient Americas at LACMA. Códice Magliabechiano, lámina 68r.

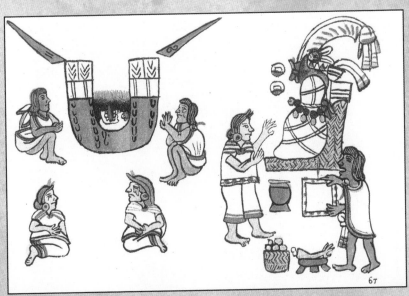

Lámina 2. Representa el funeral de un gobernante como un haz que entra en una fosa caliente de cremación. También se representan las ofrendas que se incluián en la cremación y las sombrías ceremonias de llanto de los mexicas. Estas ceremonias de llanto permitían la liberación de las energías del alma del antepasado y también eran fundamentales para la sanación y liberación de las familias.
Cortesía de Ancient Americas at LACMA. Codex Magliiabechiano, lámina 67r.

Lámina 3. El copal ardiendo llena el aire de humo, los lirios de fragancia. Les doy ofrendas de comida y mi más profundo amor y respeto a través de mi propio altar ancestral permanente. *Fotografía de Erika Buenaflor.*